Die allermeisten sind zahm

Ein Talent wird Fußballprofi – oder was Eltern auf diesem Weg leisten

Achim Frommann ist Jahrgang 1969, verheiratet und hat mit seiner Frau Susanne drei Kinder. Als Constantin 2010 mit 11 Jahren entdeckt wird, verändert sich das Familienleben. Es folgt der lange Weg bis zur Erfüllung seines Traums. Der umfassende Fundus an Erfahrungen aus der Elternperspektive führte der Nachfrage und des großen Interesses wegen zu der Entscheidung, als Berater und Ansprechpartner für Talente, ihre engsten Begleiter und ebenso für Trainer oder weitere Talenteentwickler bei Verbänden und Vereinen zu arbeiten. Dafür folgte 2020/21 eine umfassende Weiterbildung „Sportpsychologisches Training und Coaching im Leistungssport“. Mit diesem Gesamtpaket gerüstet, ist Achim Frommann inzwischen als Mentalcoach aktiv. Zuvor arbeitete er 25 Jahre in verschiedenen Kommunikationsbereichen und ist neben dem Mentalcoaching im Nachwuchsleistungssport bis heute als freiberuflicher Fachjournalist und Medienexperte tätig.

Achim Frommann

Die allermeisten sind zahm

Ein Talent wird Fußballprofi – oder was Eltern auf diesem Weg leisten

10 Jahre Erfahrungen mit der Förderung junger Spitzensportler

Impressum

Kontaktmöglichkeit: mentalcoach@talente-eltern.de

Erscheinungsjahr: 2021
Erstauflage

ISBN 978-9-4036-1693-3

Lektorat/ Korrektorat: Dr. Werner Irro, Rolf Grupp
Illustrationen: Bildnachweise siehe S. 197
Covergestaltung: Achim Frommann
Weitere Mitwirkende: Rose Schweizer, Jörg Neblung

Verlagsportal / Bezugsmöglichkeit: www.vonjournalisten.de/shop

Gedruckt in Deutschland

Die Deutsche Nationalbibliothek verzeichnet diese Publikation in der Deutschen Nationalbibliografie.

Gewidmet meiner Familie

OHANA

INHALT

Vorwort

Der Traum ist groß – Fußballprofi! Unzählige Jungen auf der ganzen Welt möchten einmal so werden wie Messi, Ronaldo, Neuer oder andere Superstars dieses allgegenwärtigen Sports und Geschäfts. Eine winzige Auswahl der kleinen Ballzauberer wird tatsächlich auch entdeckt und damit zum Rädchen im Talentfördersystem des Fußballs. Was dann beginnt, ist ein Abenteuer, verbunden mit jahrelanger, teils harter Arbeit. Trotz aller Mühen, Entbehrungen und Anstrengungen: Realistisch betrachtet sind die Aussichten auf einen Profivertrag zwar nie unmöglich, jedoch sehr gering. Denn die meisten Talente werden irgendwann auf ihrem Weg aussortiert, halten vielleicht dem jahrelangen Druck nicht stand, schmeißen unvermittelt hin, oder Körper und Geist verweigern unter der ständigen Höchstbelastung und dem mentalen Druck die Leistung. Bedenkt man außerdem die überschaubare Anzahl an jährlich freiwerdenden Arbeitsplätzen in den Profiligen sowie die Tatsache, dass eine über oft viele Jahre andauernde Fußballausbildung zu keinem anerkannten Abschluss führt, müsste man als verantwortungsvolle Eltern seinem Kind die Jagd nach einem nahezu unerfüllbaren Traum eigentlich ausreden. Die wenigsten von uns entscheiden in diesen Momenten tatsächlich rational. Vielmehr sind es Emotionen, die uns leiten, wenn das Kind in jungen Jahren von einem Scout, dem Stützpunkttrainer oder direkt von einem Proficlub zum Probetraining eingeladen wird. Das ist auch richtig, weil wir unsere Kinder im Rahmen des Möglichen bei allem unterstützen sollten, sie ihre Träume und Talente ausleben zu lassen. Dann brauchen Erziehungsberechtigte aber eine ehrliche Aufklärung, was im Fall des nächsten Schritts in der Talentförderung auf sie, auf das Kind und auf die Familie zukommen kann. Bislang finden sich dafür wenig Informationsangebote oder gar unabhängige Ansprechpartner. Dieses Buch will dafür einen Beitrag leisten.

Auch wenn jedes Talent seine eigene Geschichte schreibt, vieles ähnelt sich dennoch über die Dauer der fußballerischen Ausbildung. Aus diesem Grund macht es Sinn, sich ständig untereinander auszutauschen, zu kooperieren. Das schließt die handelnden Personen innerhalb der Talentförderung und an vorderster Front die Nachwuchstrainer ausdrücklich mit ein, obgleich sie häufig von Saison zu Saison wechseln. Das soziale Umfeld der Spieler, ihre Familien sind jedoch die einzige Konstante und damit die auskunftsstärksten Experten. Einmal abgesehen von der professionellen Beurteilung einer sportlichen Begabung und Entwicklung durch die Trainer, kennt niemand den Menschen hinter dem Talent besser als Mutter, Vater oder Erziehungsberechtigte. Aus gleicher Perspektive erzählt dieses Buch. Falls Sie also Trainer oder Talenteentwickler sind und damit ein wichtiges Rädchen im Talentfördersystem des deutschen Fußballs, wird Ihnen diese Lektüre ebenfalls Erkenntnisse und vielleicht die eine oder andere bislang noch unbekannte Perspektive auf Ihre eigene Arbeit bieten. Das gilt gerade für die stetig wachsende Zahl noch junger und hochmotivierter Nachwuchstrainer in der Talentförderung.

Warum dieses Buch noch geschrieben wurde, soll die folgende Begebenheit schildern: Vor ein paar Jahren rief mich ein guter Bekannter an, ob ich seinem Freund helfen könne. Dessen 14-jähriger Sohn habe das Interesse eines Erstligisten am Niederrhein geweckt. Der Club würde ihn gerne zu sich holen. Nun wissen die Eltern nicht, was sie tun sollen und was es bedeutet, einem solchen Angebot zuzustimmen. Noch dazu wohnen sie selbst weit entfernt im Rhein-Main-Gebiet, kein Katzensprung also. Man habe keine Ahnung, bei wem oder wo man sich einmal erkundigen könne. Kommt

„Mit unserem Sohn, der das gesamte Talentfördersystem des deutschen Fußballs durchlief, waren meine Frau Susanne und ich zu Anfang genauso überfordert wie die Freunde meines Bekannten."

Ihnen diese Situation vielleicht bekannt vor? Da wir seit 2010 unzählige Erfahrungen gesammelt haben, gab ich dem Vater gerne Auskunft. Wo und ob der Junge heute noch spielt, vielleicht gar als Profi, habe ich leider nie erfahren.

Mit unserem Sohn, der das gesamte Talentfördersystem des deutschen Fußballs durchlief, waren meine Frau Susanne und ich zu Anfang aber genauso überfordert wie der Freund meines Bekannten. Und selbst nach mehr als zehn Jahren geht es uns gelegentlich noch immer so. Als damals alles begann, hätten wir uns ebenfalls gerne informiert, was es bedeutet, ein Fußballtalent in der Familie zu haben. Vor allem, was sich dadurch verändert. Wir brauchten Orientierung, suchten oft einen Ansprechpartner, Ratgeber oder nach Informationen. Wir kannten aber niemanden. Zudem gab es keine Anlaufstellen oder Angebote. Daran hat sich nicht viel verändert. Denn der Baustein „Aktive Elternarbeit" taucht im Talentfördersystem des deutschen Fußballs oder bei vielen Nachwuchsleistungszentren bislang noch selten auf. Allerdings weiß ich aus vielen Gesprächen, dass sich in jüngster Zeit immer mehr Talenteentwickler bei Vereinen und Verbänden intensiv damit befassen und nach Wegen suchen, die Einbindung des sozialen Umfelds effektiv zu gestalten.

Seit unserem Einstieg liegen viele, meist nicht einfache Entscheidungen hinter uns – angefangen mit der allerersten und am weitestreichenden: Ist ein Elfjähriger zu jung, um von einem kleinen Amateurverein zu einem Proficlub der 1. Bundesliga zu wechseln? Noch dazu, wenn dieser 90 Kilometer vom eigenen Wohnort entfernt liegt. Daran hing gleich eine zweite Frage: Was kommt auf die Familie zu, wenn wir mit einem unserer drei Kinder diesen Schritt gehen? Eines darf ich schon verraten: Es wird ein Einschnitt, der alles verändert. Und wenn Sie sich mit Haut und Haaren darauf einlassen, hat Ihr Kind eine realistische Chance.

Wie gesagt, als alles begann, fanden Susanne und ich auf viele Fragen keine Antworten. Was blieb, war, unserem Instinkt zu folgen. Das meint, für jedes unserer drei Kinder das Beste zu wollen, sie aber wenn nötig auch zu beschützen. Ein Kontrast, der in der professionell organisierten Fußballwelt häufig zu Spannungen führt. Denn dort existiert eine hierarchische, bis ins kleinste Detail durchorganisierte Ordnung. Man geht sehr strukturell vor, Störungen sollen möglichst ausgeblendet werden. Eltern werden vielfach als Störgrößen empfunden – und zugegeben: Ein paar wenige sind es auch. Die allermeisten sind aber zahm und meinen es bei gelegentlicher Kritik nur gut. Man braucht also wirklich keine Angst vor uns Eltern zu haben.

„Eltern werden vielfach als Störgrößen empfunden – und zugegeben: Ein paar wenige sind es auch. Die allermeisten sind aber zahm und meinen es bei gelegentlicher Kritik nur gut. Man braucht also wirklich keine Angst vor uns Eltern zu haben.“

Die Aufzeichnungen des vorliegenden Buchs sollen Talenten und ihren Familien Hilfestellung sowie Ratgeber sein, die davon träumen, vielleicht einmal Fußballprofi zu werden, die gerade entdeckt werden oder die auf ihrem Weg nach Orientierung suchen. Allein zu wissen, was andere durchlebten, macht Entscheidungen meist schon etwas einfacher. Und wenn Sie sich einfach nur für das spannende Thema der Talentförderung interessieren oder jemanden kennen, dessen Kind die Chance dafür erhält, können Sie vielleicht nachvollziehen, weshalb sich Ihre Freunde oder Bekannte so ganz allmählich anscheinend verändern, kaum mehr Zeit haben. Sie dürfen mir eines glauben: Es ist nicht persönlich gemeint!

Jahr für Jahr werden in Deutschland Tausende von Kindern in die Talentförderung geholt, Jungen und ebenfalls immer mehr Mädchen. Kinder, die anfangs einfach die pure Freude am Fußball entdecken, dazu Talent erkennen lassen. Viele werden über die Jahre mit Mama, Papa, den Geschwistern, Großeltern und Freunden ähnliche Erfahrungen wie unsere Familie machen. Mit sportlich unglaublichen Highlights, aber auch mit bitteren Rückschlägen wie einer Langzeitverletzung. Es ist eine der schlimmsten Unbekannten auf dem Weg zum großen Traum. Was es bedeutet, diese Zeiten auszuhalten, Zweifeln zu widerstehen, wissen am Ende nur der Spieler und sein engstes Umfeld. Denn zuweilen erscheint das System gnadenlos, und hinter jedem talentierten Spieler stehen zehn weitere, die auf ihre Chance warten. Ich will Ihnen aber auch von den außergewöhnlichen Seiten erzählen, wozu für uns sogar eine Junioren-Europameisterschaft und eine Weltmeisterschaft zählten.

Vor allen, die es letztendlich nicht bis zum Profifußballer schaffen und trotz größter Anstrengungen und Mühen auch in Zukunft nicht schaffen werden, ziehe ich heute und hier meinen Hut und habe gehörigen Respekt. Denn das Leben beschert ihnen eine bittere Niederlage, die verarbeitet werden will. Allen voran der Spieler und junge Mensch selbst, der zwar lernte, immer wieder aufzustehen, sich an diesem Punkt aber kaum mehr aufrappeln kann und die Sinnfrage stellt: Wofür das alles, warum habe ich auf so vieles verzichtet, dem Sport meine Freizeit, meine Freundschaften, ja meine Jugend geopfert, nur um am Ende mit leeren Händen dazustehen? An diesem Punkt nicht liegen zu bleiben zeugt von wahrer Größe und ist die wohl bedeutendste Lektion der Talente Entwicklung. Im Laufe der Zeit wird der junge Mensch für sich hoffentlich herausfinden, was es ihm auf dem langen Weg des Erwachsenwerdens an positiven Erfahrungen brachte, das Wagnis „Profifußball“ eingegangen zu sein, und welche wichtigen Werte ihm durch die Talentförderung für sein Leben vermittelt wurden. Dabei sind dann nochmals die Eltern gefragt, müssen vielleicht erklären, welchen Sinn alles hatte, haben ebenfalls gekämpft, gelitten, gehofft und am Ende mit ihrem Kind scheinbar verloren. Gemeinsam wird man es aber schaffen, einen neuen Weg zu finden und zu erkennen, dass letztendlich sehr viel Wertvolles gewonnen wurde.

Nichtsdestotrotz, die Brutalität des ersten Moments ist unbeschreiblich, und das Ernüchternde ist: Statistisch wird am Ende einer jahrelangen Ausbildung ohne anerkannten Abschluss nur ein Spieler eines Jahrgangs unter vielen hundert Talenten Fußballprofi – eine ernüchternde Erfolgsquote! Das ist zu akzeptieren und darf von den Eltern niemals vergessen werden, wenn man mit seinem Kind den Weg der Talentförderung einschlägt. Es ist der wichtigste Merksatz überhaupt. Wer dessen Tragweite begreift und richtig anwendet, wird seinem Kind immer eine Hintertür offenlassen, es niemals zu etwas zwingen und schon gar nicht seine eigene Zukunft von der des Kindes abhängig machen. Nur dann kann es am Ende einen Ausstieg mit einem Neuanfang geben.

„Statistisch wird am Ende einer jahrelangen Ausbildung ohne anerkannten Abschluss nur ein Spieler eines Jahrgangs unter vielen hundert Talenten Fußballprofi – eine ernüchternde Erfolgsquote!“

Ich danke meinem Sohn Constantin, dass er nach reiflicher Überlegung diesem Buch letztendlich zugestimmt hat. Er macht damit einen Teil seines noch jungen Lebens öffentlich, um anderen Talenten sowie deren Familien Zuversicht und Unterstützung zu geben. Trotz einer modernen Welt, in der wir leben, voller Unbekümmertheit beim Umgang mit manchmal sehr persönlichen und privaten Informationen, halte ich seine Entscheidung nicht für alltäglich. Sein Weg als Fußballprofi hat gerade begonnen, und hoffentlich liegen noch viele gute und schöne Jahre vor ihm.

Das Buch erzählt in erster Linie aus seiner Perspektive, der eines Jungen im System der Talentförderung. Es gibt heute aber auch immer mehr Mädchen, die in ähnlicher Weise erleben, was es bedeutet, ein Talent zu sein. Auch sie und ihre Eltern, Familien, das soziale Umfeld dürfen und sollen sich angesprochen fühlen, weil sie alle ebenso hart an ihrem Traum arbeiten, ihre Rahmenbedingungen, Anforderungen und Chancen fast dieselben sind. „Fast" aus dem einen Grund, da es tatsächlich noch weniger Aussichten auf Erfolg gibt, einmal eine Profispielerin zu werden – noch dazu bei deutlich geringeren Bezügen. Mädchen und ihre Eltern haben daher immer einen alternativen Plan in der Tasche, das versicherte mir der Leiter eines vorbildlich arbeitenden Nachwuchsleistungszentrums. Bei den Junioren hingegen sei das nach seinen Erfahrungen noch viel zu selten der Fall.

1 Fußball in unserem Leben

Damit Sie unsere Situation einordnen und mit der Ihren vergleichen können, will ich zu Anfang kurz über uns und unsere Verbindung zum Fußball erzählen. Das eine oder andere wird Ihnen vielleicht bekannt vorkommen. Wir wohnen am Fuße des Schwarzwalds, nahe dem südbadischen Städtchen Achern. Nur der Rhein trennt den malerischen Landstrich am Oberrhein vom benachbarten Elsass. Frankreich und die Schweiz liegen praktisch um die Ecke. Die größten Städte sind das nördlich gelegene Karlsruhe mit 310.000 Einwohnern. Etwas kleiner ist das südlich beheimatete Freiburg. Es zählt rund 230.000 Menschen zu seiner Bevölkerung. Und damit wären dann gleich die beiden Platzhirsche benannt, wenn es in der näheren Region um professionellen Fußball geht. Damit ist ein Umkreis von rund 100 km rund um Achern herum gemeint. Dazwischen gibt es sehr viel Herzblut auf Amateurniveau. Konkret bedeutet das von Zeit zu Zeit den einen oder anderen Oberligisten, meist aber Verbandsliga-, Landesliga-, Bezirks- und Kreisklassenniveau. Der Slogan „Unsere Amateure – Echte Profis“ findet in Südbaden tatsächlich seine Bestimmung.

„Diese Verteilung zeigt Südbadens geografische Herausforderung für Talente und ihre Eltern, ähnlich wie sicher auch in anderen Landesverbänden. Zeitraubendes Pendeln zwischen dem Elternhaus und dem nächst gelegenen Ausbildungsverein ist unabdingbar.“

Diese Verteilung zeigt Südbadens geografische Herausforderung für Talente und ihre Eltern, ähnlich wie sicher auch in anderen Landesverbänden. Zeitraubendes Pendeln zwischen dem Elternhaus und dem nächst gelegenen Ausbildungsverein ist unabdingbar. Da in unserer Region noch dazu der öffentliche Nahverkehr äußerst ausbaufähig ist, wird das eigene Auto nebst Fahrdienst des Vereins zum meistgenutzten Shuttleservice. Denn die Trainingspläne der Vereine nehmen keine Rücksicht auf die Fahrpläne des ÖPNV. Und wer zu spät kommt, den bestraft zwar nicht das Leben, aber bei wiederholten Verspätungen vielleicht der Trainer bei der nächsten Aufstellung.

Nun fällt der Apfel oft nicht weit vom Stamm. So auch in unserer Familie. Ich erwähne das, weil wir auf unserem Weg mehrfach erlebten, wie schwierig es für „unbedarfte" Eltern wird, wenn sich ihr Sohn eigenwillig für eine ungeliebte, vielleicht sogar missachtete Freizeitbeschäftigung entscheidet. Der Fußball zählt für manchen Erwachsenen dazu, obwohl es in der Breite keine beliebtere Sportart in Deutschland, wahrscheinlich auch in unzähligen anderen Ländern gibt. Allem voran steht der Deutsche Fußballbund. Mit mehr als 7,16 Millionen Mitgliedern im Jahr 2020[1] gilt der DFB als größter Verein weltweit. Ein unschätzbares Gut, mit dem auch der professionell organisierte Fußball umzugehen weiß.

Bei uns ist es der Vater, meine Wenigkeit also, der sich als Jugendlicher dem Fußball verschrieb. Es war eine anständige Karriere als Amateurspieler, die bis heute andauert – mit meinen 51 Lenzen allerdings nur noch auf einem überschaubaren Altherrenniveau meines Heimatvereins VfR Achern. Als Jugendspieler hatte ich in den 1980er Jahren mehrfach Berührung mit der damaligen Talentförderung und den Sichtungsmaßnahmen für Jugendspieler. Ich schreibe das nicht aus Eitelkeit, sondern weil mir die persönlichen Erfahrungen einen Wissensvorsprung lieferten, als es bei Constantin ebenfalls so weit war. Tatsächlich hat sich in der Sichtung bis heute vieles verändert – und doch ist auch erstaunlich vieles gleich geblieben. Vom Sichtungsturnier zum Ergänzungstraining des Verbands, über die Bezirksauswahl, hin zur Sichtung für die Landesauswahl, die wiederum zum Länderpokal bzw. zu einem der DFB-

---

[1] https://www.dfb.de/verbandsstruktur/mitglieder/

Sichtungsturniere nach Bad-Blankenburg, Kaiserau oder Duisburg-Wedau fährt. Auch meine Frau kommt aus einer fußballbegeisterten Familie. Ihr Bruder spielte im Jugend- und auch Seniorenbereich beim ortsansässigen Verein, bis für ihn eine schwere Knieverletzung das Aus bedeutete. Davor waren seine Eltern immer mit von der Partie, als Zuschauer, zeitweise auch als Betreuer verschiedener Teams. Für meine Frau war diese Zeit allerdings weniger wegen des Sports, vielmehr wegen der Sportskameraden ihres Bruders von Interesse. Dass aber das kostbare Familienwochenende tatsächlich regelmäßig dem Fußball geopfert wurde, bis hin zum samstäglichen Pflichtprogramm „Sportschau", all das machte aus ihr noch keinen Fan dieses Sports. Zu dem wurde sie erst mit unseren beiden Söhnen – vielleicht ganz ähnlich wie auch in Ihrer Familie?

Als 1995 unser ältester Sohn Maximilian geboren wurde, war ich selbst noch aktiver Fußballer. Das hieß, der Papa ist am Wochenende unterwegs und die Familie gelegentlich dabei. Zusammen mit Mama wehte dem kleinen Steppke dann schon an manchen Sonntagen im Kinderwagen die frische Luft eines gepflegt gemähten Spielfelds, geschwängert mit Bratwurstgeruch und Pommesfettdämpfen, um die Nase. Man könnte fast sagen, er hat den Fußball mit der Muttermilch aufgesaugt. Als er laufen lernte, war immer auch ein kleiner Fußball dabei. So kam es, dass sein erstes Trikot des Brasilianers Ronaldo nicht lange auf sich warten ließ. Als 1998 Constantin zur Welt kam, hörte ich mit dem aktiven Fußball auf, um mehr Zeit für die Familie zu haben.

2 Einer von vielen

Maximilian machte den Anfang mit dem Fußballspielen. Es gab auch keinen Grund, dem etwas entgegenzusetzen. Denn betrachtet man es einmal nüchtern, erfüllt der Freizeitsport in unserer Gesellschaft eine bedeutsame Aufgabe, die für unsere Kinder immer wichtiger wird. Neben allen sozialisatorischen Aspekten oder dem Umgang mit Gleichaltrigen und Vorgesetzten, geht es vor allem um eine regelmäßige körperliche Bewegung. Dazu kommen Verhaltensregeln, wie Pünktlichkeit oder Verlässlichkeit, und die pure Freude am Tun. Dabei spielt es tatsächlich keine Rolle, ob es um eine Mannschafts- oder eine Einzelsportart geht. Hätte Maximilian damals Interesse an der Leichtathletik, dem Turnen oder Reiten gezeigt, wir wären auch diesen Weg mit ihm gegangen – so wie Jahre später mit seiner kleinen Schwester Emma.

Wie bei vielen Jungs sollte es aber der Fußball sein. Dass ich ab und an mit ihm auf der heimischen Wiese herumbolzte, tat sicher sein Übriges dazu. So war er bald in einem Verein angemeldet. Sie wissen, was dann folgt. Bambini-Turniere in der Region, Hallenturniere früh am Sonntag, Kuchen backen, Waffelteig machen, Thekendienste für die Vereins- und Mannschaftskasse, Trikots waschen, Fahrdienste mit dem Team, anfeuern, trösten und wieder anfeuern. All das nahmen wir gerne in Kauf, hatten irgendwann sogar Freude und neue Freunde dabei gefunden, denn es führte zu der wichtigsten aller Erfahrungen: Unser Kind war glücklich bei dem, was es tat! Und bei den Fußballzwergen spielen Sieg oder Niederlage noch überhaupt keine Rolle. Die strahlenden Augen, wenn am Ende eines langen Turniertages jeder seine funkelnde Medaille um den zierlichen Hals gehängt oder einen kleinen Pokal überreicht bekommt, brennen sich in die Festplatte jeder Mutter und jedes Vaters unauslöschlich ein.

Von Maximilians Leidenschaft wurde natürlich auch sein kleiner Bruder gepackt. Bei einem Altersunterschied von 2,5 Jahren dauerte es dann nicht lange, dass Constantin „wettkampfbereit“ war. So fanden bald erste Trainingseinheiten der beiden in unserem Garten statt. In schicken Trikots und winzigen Fußballschuhen ging es zur Sache. Bald hatte sich auch eine erste Rollenverteilung eingeschlichen. Denn Fußball braucht einen, der schießt, und einen, der hält. Als talentiertes Kerlchen übernahm Maximilian die Rolle des Schützen. So machte Constantin im kleinstmöglichen Duell des Fußballspiels schnell Bekanntschaft mit der Position des Torhüters. Es schien ihm zu gefallen.

Natürlich trat Constantin bald in denselben Verein wie sein Bruder ein. Bei Bambinis, G- und F-Jugendmannschaften spielen Positionen noch keine Rolle. Jeder soll alles ausprobieren, und erst ab der E-, vor allem D-Jugend fangen die Trainer an, positionsbezogen aufzustellen. Jedenfalls habe ich das einmal gehört, selbst aber niemals als Jugendtrainer gearbeitet. Auf jeden Fall trieb sich Constantin überall herum. Er war für sein Alter gut gebaut, zeigte Einsatzbereitschaft und auch Spielklasse, die ihm natürlich sein großer Bruder beigebracht hatte. So war er im Team ein guter Torschütze, Mannschaftsspieler und wenn gebraucht auch ein guter Toreverhinderer. Eigentlich war aber noch gar nicht so recht klar, was tatsächlich sein Talent ausmachen sollte. Und es war zum damaligen Zeitpunkt auch gar nicht wichtig.

2.1 Der kann mal was werden

Das ergab sich dann allerdings ganz unerwartet zu einem anderen Anlass. Der Mittwochabend ist seit vielen Jahren gesetzt, wenn ich mich mit meiner AH zum Training treffe. Irgendwann kamen meine Söhne mit, besonders in der Ferienzeit, um zu sehen, was der Vater so kann. Und ich glaube, es geschah im heißen WM-Sommer 2006, als wir drei eine Stunde vor Trainingsbeginn auf dem Rasenplatz herumkickten. Maximilian und ich meist als Schützen, Constantin im Tor. Zaungast dieses Spektakels war Klaus. Er zählt zu den „Local Heros" unserer Region, ist Jahrgang 1956, hat unzählige Spiele in verschiedenen Amateurklassen bestritten, spielt trotz kaputter Knie noch regelmäßig bei unserer AH mit – aber vor allem ist er Torwart! Er schaute sich das Ganze in aller Ruhe an und brauchte keine fünf Minuten. Dann kam er zu mir und meinte: „Achim, der kann mal was werden!" Klaus wählt seine Kommentare stets mit Bedacht. Als Beamter im Dienst des Bundesgrenzschutzes kennt er klare Ansagen und hat gelernt, kein Wort zu verschwenden. Trotzdem fragte ich nach, wen und was er denn meine. Seine Erklärung war dann so einfach wie auch überraschend für einen Feldspieler wie mich, der von der Torwartposition überhaupt keine Ahnung hatte. Außerdem standen da ja zwei Jungs auf dem Platz, und bei Maximilian zeichnete sich schon länger ab, dass er geschickt mit dem Ball umzugehen weiß. „Nach zwei Schüssen war mir klar, dass Constantin als Torwart Talent mitbringt. Mehr als all die Jungs, mit denen ich derzeit trainiere. Das musst Du fördern, bleib dran." Ich war verblüfft. Es ging also um den Kleinen. Klaus war zu dieser Zeit als Torwarttrainer aktiv. Er betreute Junioren und Senioren. Auf meine Bitte hin, ob er denn die Förderung übernehmen könne, ergaben sich dann auch einige Trainingseinheiten der beiden. Leider war es auf längere Sicht nicht möglich. Tatsächlich ist er aber Constantins „Entdecker". Der dankte ihm dies Jahre später mit einem außergewöhnlichen Geschenk, dem signierten Torwarttrikot einer Junioren-Europameisterschaft. Aber der Reihe nach.

Für Constantins Mannschaft brach im Sommer 2007 das Kapitel „Staffelspieltage" an. Der ältere E-Jugend-Jahrgang spielte eine inoffizielle Kleinfeldrunde. So gab es zwar schon Wettkampf-Feeling, aber weder Auf- noch Absteiger in dieser Saison. Sein Trainer hieß Thomas, und er war einer seiner wenigen echten Talentförderer der damaligen Zeit. Das Problem: Wie in vielen Amateurvereinen gab es Eltern, die Thomas immer wieder ins Handwerk redeten, obwohl er der Trainer war – auch wenn es um die Torhüterposition ging. Selbst als sich abzeichnete, dass sich ein Talent in den eigenen Reihen befand, musste er immer wieder gegen Widerstände kämpfen. Constantin und Thomas trafen sich oft schon 30 Minuten vor Trainingsbeginn. Er tat sein Bestes, um den jungen Torwart voranzubringen. Und er fuhr sogar mit Constantin Handschuhe kaufen, weil er der Meinung war, die sollten doch von Vereinsseite gestellt werden. Bis heute ist Thomas einer der ganz wenigen aus Constantins erstem Verein, zu dem der Kontakt nie abriss. Sein Nachfolger als Coach der D-Jugend hieß Harald. Er war ebenfalls ein Mann, der sich um anderen Einfluss wenig scherte. Harald setzte mit seiner Mannschaft aus Sicht von Constantin fort, was sein Vorgänger begann, und förderte das Team und unseren Sohn mit Training und Spiel so gut er konnte. Nur spielte er ebenfalls niemals selbst im Tor. Heute ist mir klar, dass alleine ein aktiver oder ehemaliger Torwart ein optimales Training für angehende Spieler dieser Position leisten kann. Ich bin Thomas und Harald aber für alles dankbar, was sie für Constantin damals ausgehalten haben. Was Förderung und Training angeht, gab es ansonsten keine Angebote oder Unterstützung für einen jungen Torwart. Seither haben sich die Zeiten bei Amateurvereinen oder durch Fußballschulen glücklicherweise weiterentwickelt.

2.2 Start der Talentförderung

Ab dem älteren E-Jugendjahrgang greift in Deutschland das Talentfördersystem des DFB in Kooperation mit seinen Landesverbänden. Die Spieler sind zwischen zehn und elf Jahre alt. Dann finden jedes Jahr an den insgesamt 366 DFB-Stützpunkten[2] Sichtungen des aktuellen Jahrgangs statt. Für die 1998er war das 2008 der Fall. Constantins Trainer nominierte dafür fünf Jungs. Neben ihm als Torhüter die Feldspieler Louis, Tobias, Simon und Jan. Alle

[2] Quelle: Nachhaltigkeitsbericht des Deutschen Fußballbundes DFB; September 2016; Seite 35

waren für ihr Alter tatsächlich klasse Spieler. Wir fuhren also zur Sichtung an den nächst gelegenen Stützpunkt. Am Ende ist es leider immer so, dass niemals alle Jungs eines Vereins ausgewählt werden. Die Glücklichen drei waren Jan, Simon und Constantin. An solchen Tagen gehört immer auch das notwendige Quäntchen Glück dazu, und es hätte genauso gut auch Louis treffen dürfen, der einige Zeit später ein Probetraining beim KSC absolvierte. Und Tobias war eigentlich der heimliche Star des Teams. So recht wusste niemand, warum er nicht dabei war. Aber mit zehn Jahren steckt man so etwas vergleichsweise schnell weg. Damit begann neben dem Vereinsfußball nun das Kapitel Sichtungsmaßnahmen. Auf noch leisen Sohlen sollte uns jetzt einholen, was Elternarbeit im Fußball tatsächlich bedeutet.

Wer bei einer Stützpunktsichtung ausgewählt wird, erhält zunächst in einer größeren Gruppe die Möglichkeit für ein wöchentliches Zusatztraining bei geschulten Verbandsjugendtrainern. Für Jan, Simon und Constantin ging es zum Stützpunkt nach Steinbach. Dort befindet sich die südbadische Sportschule. So waren fortan viele Montagabende für das kommende Jahr erst einmal geblockt. Denn die knapp 20 Kilometer einfache Fahrstrecke übernahmen natürlich wir Eltern und organisierten einen wechselnden Fahrdienst. Damit kam unser Sohn erstmals auch zu einem regelmäßigen Torwarttraining. Denn für Steinbach hatte der Verband einen ehemaligen Amateurtorhüter gewonnen, der alle zwei Wochen ein prima Ergänzungstraining anbot. Ich kannte den Torwarttrainer noch von früheren Landesligaduellen, und nach einiger Zeit bestätigte er mir, dass unser Sohn sehr talentiert für das Spiel auf

„So waren viele Montagabende für das kommende Jahr erst einmal geblockt. Denn die knapp 20 Kilometer einfache Fahrstrecke übernahmen natürlich wir Eltern und organisierten einen wechselnden Fahrdienst.“

der Linie sei. Ein nächster Experte also, der ahnen ließ, was vielleicht möglich war.

2.3 Olis Abschied

Im gleichen Sommer erlebte Constantin aber noch ein Highlight, vielleicht sogar *den* magischen Moment seines Fußballerlebens, an den er sich bis heute erinnert. Und möglicherweise war es der Auslöser und Impulsgeber für seine dann folgende Zielstrebigkeit und Energie, die er für seinen Traum freisetzte. Aber der Reihe nach.

Wenn heute fast in jeder schulfreien Zeit irgendwo um die Ecke ein Fußballcamp stattfindet, egal ob von Proficlub, Amateurverein oder privater Fußballschule organisiert, gestaltete sich das Angebot vor über zehn Jahren noch wesentlich überschaubarer. Ging es gar um angehende Torhüter, war gleich ganz Fehlanzeige. Nachdem aber mein Freund Klaus seine Zusatzeinheiten nicht fortsetzen konnte, die Constantin sichtlich Freude bereiteten, machte ich mich auf die Suche. Dabei stolperte ich im Internet über ein neues Angebot, die „Deutsche Torwartschule". Das Konzept: An wechselnden Orten fanden Torwarttage oder Torwartcamps für Kinder und Jugendliche statt, mit dem zusätzlichen Besuch der Teilnehmer eines Länderspiels der deutschen Fußballnationalmannschaft. Die Verbindung: Der Schirmherr der Veranstaltungen war Bundestorwarttrainer Andreas Köpke. Das hört sich doch gut und vor allem seriös an, dachte ich. Allerdings war eine nächste Veranstaltung im von uns weit entfernten Frankfurt geplant, mit Übernachtungen bei einer Gastfamilie. Für Constantin aber kein Problem. Trotz seiner erst neun Jahre überwog seine Abenteuerlust die Angst vor dem Unbekannten. Diese Charaktereigenschaft ist eine wichtige Voraussetzung für jeden Spieler, der sich auf die Talentförderung einlässt. Um es abzukürzen: Das Camp wurde kein Abenteuer, sondern eine einzige Katastrophe. Angefangen von der Übernachtung bis hin zur Organisation durch den Veranstalter, mit vorzeitigem Abbruch des Camps. Letztendlich holte ich unseren Sohn einen Tag später wieder ab. Er schien zwar traurig, aber weniger über das ganze Chaos vor Ort, als vielmehr darüber, dieser Chance zum Dazulernen beraubt worden zu sein. Das war mein Signal. Schließlich muss ein Premiumprodukt namens „Deutsche Torwartschule" auch halten, was es verspricht – oder dafür geradestehen. Und ein so bekannter Schirmherr wollte sich sicher ebenfalls nicht mit dem von uns Erlebten identifizieren. So bekam Constantin als kleine Entschuldigung zwei Freikarten für das Freundschaftsländerspiel Deutschland – Weißrussland am 27. Mai 2008 in Kaiserslautern geschenkt. Warum ich das noch weiß? Es ist der Geburtstag unseres Sohns, an dem wir beide dann tatsächlich auf dem Betzenberg landeten, um ein gerechtes 2:2-Unentschieden zu sehen.

Und dann folgte die echte Entschädigung: Eine neue Einladung zu einem Ersatz-Torwartcamp im September nach München. Sollten wir das ein zweites Mal wagen? München liegt von Achern schlappe 350 Kilometer entfernt. Man versicherte mir, dass sich „Frankfurt" tatsächlich nie mehr wiederholen würde und allein unvorhergesehenen Startschwierigkeiten des neuen Projekts „Deutsche Torwartschule" geschuldet war. Dazu käme als besonderes Highlight der Besuch des Abschiedsspiels von Oliver Kahn und ... wir brauchten nicht mehr weiterzureden. Nachdem Constantin von der Einladung zum letzten Spiel der Karriere seines großen Idols erfuhr, war er nicht zu bremsen, für ihn war die Sache gebongt. Ein Zehnjähriger denkt da sehr simpel. Aber wie sollte das logistisch überhaupt gehen? Urlaub nehmen, drei Tage in München auf den Filius warten oder doch absagen? Tatsächlich schaffte ich es, einen Geschäftstermin in Österreich um dieses Ereignis herum zu organisieren. So fuhren wir beide in der letzten Sommerferienwoche nach München, ich lieferte Constantin am Trainingsgelände ab und machte mir erst einmal noch ein Bild von der Lage vor Ort. Es sah dieses Mal alles deutlich besser organisiert und das Camp auch gut besucht aus. Das beruhigte mich sehr bei der Weiterfahrt nach Österreich.

Und am 2. September 2008 war ein kleiner Junge mit großen Träumen Augenzeuge, als sich der damals beste Torwart Deutschlands, ja einer der besten aller Zeiten, von seinen Fans und der Fußballwelt verabschiedete. Die eine Karriere fand an diesem Abend ihr ruhmvolles Ende. Eine andere hoffte zur gleichen Zeit auf ihre Chance.

3 Vom Amateur zum Proficlub

Man wechselt nicht einfach zu einem Proficlub wie vielleicht zu einem anderen Amateurverein. Zu Constantins Zeit war das genauso wenig möglich wie heute. Eltern ist das häufig nicht bewusst. Und wenn sie merken, ihr Sohn hat ein Talent zum Fußballspielen, wird er zu einem Fußballcamp eines namhaften Clubs angemeldet, damit er entdeckt und bitteschön auch genommen wird. Klappt das nicht, wie in den meisten Fällen, können Mütter und Väter schon einmal ungeduldig werden. Es nützt aber nichts und darf auch niemals zur Fehlmotivation und zu falschem Ehrgeiz seitens der Eltern führen. Am Ende entscheiden immer nur die Vereine, wen sie nehmen und wen nicht. Tatsächlich sind es bei den allermeisten Talenten eine ganze Reihe gezielter Sichtungsmaßnahmen vom Verband oder den Clubs, die in der Summe irgendwann vielleicht einen Namen auf die Agenda rufen. So war es auch bei Constantin.

„Am Ende entscheiden immer nur die Vereine, wen sie nehmen und wen nicht."

Zum Training und Spiel mit seiner Mannschaft kamen für Constantin mit den Sichtungsmaßnahmen jetzt auch die Spiele mit der Bezirksauswahl hinzu. Für diese wurde er nach einigen Wochen und Torwarttrainingseinheiten fest nominiert. Eine Doppelbelastung, die rückblickend sehr spielerisch wirkt, damals für uns aber dennoch schon einiges an Familienzeit und Budget einforderte. Montagabend Stützpunkttraining, zweimal die Woche Mannschaftstraining, am Wochenende Meisterschaftsspiele und zwischendurch Vergleichsturniere mit der Bezirksauswahl. Dazu dann noch die Hallenturniere über die Winterzeit und das meiste von alledem in doppelter Ausführung. Denn auch Maximilian ging seinen Weg als Fußballer weiter. Tatsächlich schafften wir es zu dieser Zeit noch, beiden in etwa gleich viel Zeit und Aufmerksamkeit einzuräumen, wenn möglich als Familie, manchmal aber auch schon auf getrennten Wegen von Mama und Papa. Dazu kam am 14. Juli 2007 die Geburt von Emma. Für uns alle eine große Freude. Die Jungs hatten eine kleine Schwester, die ihre „Blutsbrüderschaft" niemals gefährden würde, und wir hatten nun auch eine Tochter, was das Familienglück abrundete, ja perfekt machte. Emmas Schicksal: Sie konnte sich nicht wehren und wurde ab sofort überall hin mitgeschleppt, sie wuchs einfach mit Fußball auf. Ihre Leidenschaft gilt heute allerdings nicht dem runden Leder, sondern dem Turnen und vor allem den Pferden.

3.1 Einladung zum Probetraining

Bei einem Vergleichsturnier mit der Bezirksauswahl kam es dann 2009 zu einer folgenreichen Begegnung, die alles verändern sollte. Auch wenn Sie es jetzt vielleicht nicht glauben mögen: Bis zu diesem Tag war für Susanne und mich das Thema „Fußballprofi" nicht ein einziges Mal Thema gewesen. Alles, was uns wichtig war und bis heute wichtig geblieben ist: Wir möchten, dass unsere Kinder an dem, was sie tun, Freude haben und dafür dann auch kämpfen, wenn es einmal schwierig wird.

Wir fuhren also eines Sonntagmorgens nach Berghaupten im Kinzigtal, das seither für uns zum „Ort, an dem alles begann" geworden ist. Neben anderen Auswahl- und Stützpunktmannschaften nahm auch der SC Freiburg mit seiner jüngsten Mannschaft der U12 teil. An diesem Tag war aber für Constantin etwas anderes viel bedeutsamer: Der zweite Auswahltorhüter hatte am Spieltag davor eine Fingerprellung erlitten und konnte nicht spielen. Eigentlich sollten beide sich abwechseln, aber der Ausfall des einen bedeutete, Constantin würde alle vier Spiele des Tages bestreiten. Wenn man so will, waren wieder einmal Glück und Zufall mit im Bunde, sonst hätte er gegen den SC Freiburg vielleicht gar nicht gespielt.
Als alles gelaufen war, unsere Jungs sich ordentlich geschlagen hatten und noch in der Kabine weilten, kam ein Mann in Trainings-

kleidung auf uns zu, stellte sich vor als Trainer der U12 des SC Freiburg. Er habe Constantin beobachtet und würde uns gerne zum Probetraining einladen. Jeden Dienstagnachmittag trainieren im Freiburger Möslestadion talentierte Spieler und werden über einen gewissen Zeitraum beurteilt. Wir sollten es uns überlegen und wieder bei ihm melden. Mit seiner Visitenkarte in Händen ließ er Susanne und mich sprachlos zurück. Wir hatten gerade also erstmals Kontakt zu einem Profifußballclub gehabt. Aber was jetzt tun?

Das ist einer dieser Momente, vielleicht sogar der entscheidende, in dem Eltern wissen müssen, was jetzt passieren kann. Er war ein Auslöser für dieses Buch. Denn hängen Ihr Kind und Sie einmal an der Angel, beeindruckt von einer gänzlich neuen und schönen Jugendfußballwelt, ist es sehr schwer, aus eigener Kraft wieder loszulassen, sollte man merken, es wird zu viel. Zu viel für das Kind, zu viel für die Familie, zu viel für Schule, Freizeit und Freunde.

„Das ist einer dieser Momente, vielleicht sogar der entscheidende, in dem Eltern wissen müssen, was jetzt passieren kann."

Ich meine das so, wie es ist. Denn Ihr Kind wird in genau diesem Moment nicht lange nachdenken, sondern vor Glück zerspringen und drauflos stürmen wollen. Es vielleicht gleich zu enttäuschen, fällt gewiss schwer, ist aber immer noch einfacher, als wenn alles bereits in Fluss geraten ist. Nicht jeder, den die Talentförderung ruft, ist darin auch wirklich gut aufgehoben. Und sicher haben zum Wohle des Kinds auch der eine Vater oder die andere Mutter darin nichts verloren. Danach beurteilt das System bislang aber nicht, was zugegeben auch sehr schwer, allerdings nicht unmöglich wäre. Ich richte diesen Appell gezielt in Richtung der Verbände und Vereine. Denn kommt es zu ersten Begegnungen und Angeboten, darf nicht nur auf den Sport und das Talent geschaut werden. Auch Eltern sollten einem Empathietest standhalten, müssen anschließend rechtzeitig über alles aufgeklärt werden, was mit dem Wechsel zu einem Profifußballverein einhergehen kann. Das meint die positiven Dinge genauso wie große Herausforderungen, was Gesamtbelastung, Familienmanagement, finanziellen Eigenanteil oder den Wandel des bisher gekannten Zusammenlebens anbelangt. In vielen Fällen halte ich sogar ein Gesprächsangebot mit erfahrenen Eltern aus dem neuen Verein für sinnvoll, oder mit einem Elternbeauftragten, den es bislang allerdings bei wenigen deutschen Proficlubs gibt. Bei Landesverbänden oder beim DFB befinden sich zugeschnittene Angebote derzeit ebenfalls noch im Aufbau, die sich an unsichere Talenteeltern wenden. Es geht aber neben dem Sport um eine große soziale Verantwortung, die jeder Proficlub übernimmt, wenn er sich um Nachwuchsspieler und damit auch um deren Familien bemüht. Und es reicht nicht, zu signalisieren, bringt uns einfach das Kind vorbei, um alles andere kümmert sich dann der Verein oder der Verband.

3.2 Die vielleicht größte Entscheidung

Wir traten dann eines Dienstagnachmittags die Reise ins Freiburger Möslestadion an, dem, um es vorwegzunehmen, noch drei weitere Dienstage folgen sollten. Es gibt schließlich nichts zu verlieren, dachten wir, und die Erfahrung kann unserem Sohn ja auch guttun, ihm zeigen, wie schwer es auf einmal wird, wenn man vom Fußballprofi träumt. Damals waren die 90 Kilometer hin und auch wieder zurück für uns alle eine gefühlte Weltreise. Seither haben wir die Strecke viele hundert, vielleicht schon tausend Mal zurückgelegt – und uns irgendwann daran gewöhnt. Hätte uns das damals jemand prophezeit, wir hätten ihn für verrückt erklärt.

Im Möslestadion trainierten zu unserer Zeit noch alle männlichen U-Teams inklusive der U23. Mit der Fertigstellung des Stadionneubaus wird sich das vermutlich ändern. Man betritt das Gelände zum ersten Mal, und ist sofort beeindruckt – wie sicher bei jedem anderen Proficlub ebenfalls. Denn bisher kannte man ja ausschließlich Amateurvereine und ihre Sportplätze. Jetzt steht man in einem weitläufigen Sportkomplex mit Fußballinternat und topp gepflegten Spielfeldern inklusive eines Stadions. 2009 war der SC Freiburg deutschlandweit noch führend, was die Infrastruktur seines Nachwuchsleistungszentrums (kurz NLZ) betrifft. Und man darf sich erinnern, dass der heutige Bundesligatrainer Christian Streich, seine Co-Trainer Lars Vossler und Patrick Baier, Sportvorstand Jochen Saier und Chefscout Klemens Hartenbach damals noch die führenden Köpfe und Trainer des NLZs waren. So haben wir es damals angetroffen, ohne einem davon zu begegnen oder jemanden gar zu kennen. Inzwischen haben viele Clubs den SC überholt und sehr, sehr viel Geld für eine teure Infrastruktur ausgegeben. Dennoch ist beim SC Freiburg eines gleich geblieben: die Langzeiterfahrung eines NLZ-Teams, was in meinen Augen mehr Wert ist als Steine, unzählige Sportplätze und schöne Glasfassaden. Sie ist unbezahlbar, auch wenn nichts und niemand perfekt sein kann.

Wenn man es rückblickend recht bedenkt, ist es in einem NLZ fast wie in einer Kaserne. Spieler und Trainer sind uniform, grüßen jeden höflich, aber distanziert, egal ob bekannt oder unbekannt, das Training läuft nach erkennbar klar strukturierten Plänen ab. Aber die Wirkung war auf Neulinge wie Constantin, Susanne und mich keinesfalls militärisch, sondern sehr freundlich. Dann war er schon mittendrin, und wir staunten, wie wenig Anlaufzeit Constantin brauchte, um in diesen Wochen seine Ehrfurcht vor einem Profiverein abzulegen.

In diese Zeit fiel noch eine andere Sichtungsmaßnahme des SC Freiburg. Geladen wurden an einem Wochenvormittag alle Jugendauswahl- und Stützpunkttorhüter Südbadens des Jahrgangs 1998 zu einer speziellen Torwartsichtung. Es waren gefühlte 50 Jungs auf dem Platz, die nach und nach in Etappen ihre Aufgaben erledigten. Dazwischen, im neuen grellgrünen Trikot, tummelte sich, gut auszumachen, unser Sohn. Das Ganze dauerte rund zwei Stunden. Am Ende verabschiedete der damalige Torwarttrainer Manuel

Schneider alle Jungs höflich und machte gleichzeitig keinem direkte Hoffnungen, jetzt auf einen Anruf warten zu sollen, sondern fleißig weiterzuarbeiten. Dann nahm er uns unbemerkt beiseite und fragte, ob unser Sohn am Nachmittag bleiben könne. Er wolle ihn noch anderen Trainern vorstellen, außerdem würde ein Junge seines Alters fürs Tor gebraucht. So verlängerten Susanne und ich zusammen mit Maximilian unseren Freiburgtag und hatten zum Glück daheim eine Omi, die spontan die verlängerte Betreuung von Emma übernahm.
Um etwas vorzugreifen: Manuel Schneider blieb dann auch in den folgenden Jahren Constantins Torwarttrainer, bis er den Verein für ein Sabbatical mit seiner Familie verließ. Heute arbeitet er als Torwarttrainer für den DFB, betreut die Toptalente im Nachwuchsbereich und leitet Torwarttrainerkurse im Ausland. Beim DFB war er später zeitweise auch wieder für Constantin zuständig, womit sich ein Kreis schloss, der sich damals im Möslestadion öffnete.

Ja, und dann kam sie. Die Frage aller Fragen, auf die Constantin inzwischen sehnsüchtig wartete und vor der Susanne und ich wirklich Angst hatten: „Ich würde Ihren Sohn gerne für die kommende Saison 2010/11 in meinen U13-Kader einplanen. Lassen Sie sich Zeit und bedenken Sie alles in Ruhe. Aber wir glauben, dass Constantin für das Torwartspiel sehr talentiert ist, und möchten ihn hier beim SC Freiburg gerne fördern und ausbilden." Freiburgs Trainer erläuterte uns dann nach einer der Dienstagseinheiten noch kurz einige Details, die aber im Eindruck des unglaublichen Moments komplett untergingen. Unsere Heimreise verlief wie in Trance. Es galt jetzt also, eine Entscheidung zu treffen. Ohne es zu ahnen, wahrscheinlich sogar die größte Entscheidung unseres bisherigen Familienlebens. Und eine Entscheidung, hinter der alle stehen mussten, für die es aber leider kein Patentrezept gibt.

3.3 Eines Tages kommt er wieder

Natürlich war es das Thema der folgenden Tage in unserer Familie. Wir loteten aus, ob es denn mit der Schule klappen würde, schließlich besuchte Constantin jetzt das heimische Gymnasium. Wir überlegten, wie es mit dem Transport zum Training gehen könne. Wir stellten uns vor, wie denn nun unsere Wochenenden verlaufen werden. Denn Maximilian sollte keinesfalls zu kurz kommen. Zum Glück war Emma noch so klein und meldete keine Ansprüche an. Wir machten uns auch Gedanken, wie es Maximilian mit dieser Entscheidung überhaupt gehen würde. Sein Bruder beim Proficlub, er, selbst ein guter Fußballer, weiterhin beim beheimateten Amateurverein. Würden irgendwann vielleicht Eifersucht und Neid einen Keil zwischen die beiden treiben, die bis dahin so viel teilten und ein wirklich eingeschworenes Team geworden waren? Können wir es uns finanziell überhaupt leisten – ohne im Geringsten zu ahnen, was auf uns zukommen sollte? Und was, wenn Constantin es dann doch nicht schaffte? Würde das die kleine Seele verkraften? Vor diesen und vielen weiteren Fragen stand aber vor allem die Eine ganz vorne an: Ist unser Sohn mit dann gerade einmal elf Jahren überhaupt weit genug für solch einen Schritt und dieser Belastung gewachsen? Denn zur Erinnerung: Es ging nicht um ein Angebot des Großvereins „um die Ecke", wie es vielleicht in der Fußballhochburg Nordrhein-Westfalen mit seinen unzähligen Erst-, Zweit- und Drittligaclubs auf engstem Raum möglich wäre. Es ging um das Gesamtpaket mit 90 Kilometern Distanz dazwischen – und mit all seinen Konsequenzen.

Natürlich machte die Nachricht schnell die große Runde. Der Verein sprach uns an und war zu unserer Überraschung alles andere als begeistert. Auch Freunde und Bekannte, die sich für Fußball interessieren, wollten wissen, ob es denn stimme. Tatsächlich kommt es in unserer näheren Umgebung eher selten vor, dass ein Spieler ein Angebot von einem Profiverein erhält. Mit Vertrauten und dem einen oder anderen bekannten Amateurtrainer unterhielten Susanne und ich uns darüber, was wohl das Beste sei. Nur um zu der Erkenntnis zu gelangen, dass alle Gespräche am Ende noch mehr verwirrten. Denn keiner konnte wirklich sagen, was auf uns zukommen würde. Wahrscheinlich waren es am Ende unsere Überzeugung, dass unsere Kinder ihre Träume leben sollen, es zumindest versuchen müssen, wir sie dabei bedingungs-, aber nicht kopflos unterstützen und die Einschätzung, dass wir es finanziell und zeitlich wagen können, was im Gesamtpaket die Waagschale bei allen bleibenden Fragezeichen zum großen JA kippen ließ. Außerdem kennen wir Constantin wie niemand anderes, ahnten daher, dass er in der Lage sein würde, das neue Wagnis zu bestehen, ja sich sogar darauf freute und keine Angst hatte. Im Nachhinein wissen wir aber auch, dass er im Laufe der Zeit so manches Mal nicht nur an, sondern weit über seine Grenzen hinausgeführt wurde. Die Familie war immer für ihn da, bis zum heutigen Tag. Auch das ist ein Merksatz für alle, die sich für ein vergleichbares Projekt entscheiden. Seid immer füreinander da! Bei uns gibt es dafür ein Wort, das alle verstehen, und alle wissen, was gemeint ist: OHANA.

Was unsere Entscheidung am Ende noch bestärkte, war das Zitat einer ehemaligen Trainerin von Constantin, die ihn eigentlich hätte besser kennen müssen: „Lasst ihn ruhig gehen, der kommt schon irgendwann wieder.“ Das saß und tat nach allem, was wir gemeinsam mit den Steppkes an schönen und auch herzerweichenden Momenten erlebt hatten, auch weh. Denn man wünscht sich bei so einer Entscheidung vielleicht ein klein wenig Fürsprache oder wenigstens einen sachlichen Umgang damit von seinem Heimatverein, der sich doch schließlich freuen sollte, wenn ein eigenes Talent eine solche Chance erhält. Und Maximilian spielte dort ja noch immer weiter, durfte in der Folge mit den Juniorenteams Meisterschaften und Pokalsiege feiern, erlebte später den Schritt in die Senioren-

„Lasst ihn ruhig gehen, der kommt schon irgendwann wieder.“

mannschaft. Constantin aber machte am 19. Juni 2010 sein letztes Spiel für seinen Heimatverein und wurde wenigstens von seiner Mannschaft gebührend verabschiedet. Tatsächlich kam er fünf Jahre später noch einmal zurück, aber ganz anders, als es seine Trainerin vorhergesagt hatte.

4 Ein neues Familienleben

Im Sommer 2010 begann sich das Leben unserer Familie zu verändern. Tatsächlich war es eine zunächst sehr spannende Zeit, mit viel Neuem, das wir in Sachen Jugendfußball so kennenlernten. Dazu eine kleine Geschichte. Sein erstes Spiel machte Constantin mit der neuen U13 des SC Freiburg im nahe Achern gelegenen Ort Oberkirch. Es war ein Turnier, und die Sonne brannte vom Himmel. Wir kamen an und mussten erst einmal unser Team suchen. Das saß zusammen mit vielen Eltern unter schattigen Bäumen auf Decken und wartete auf das erste Spiel. Einige Jungs waren schon seit einem Jahr dabei, die anderen ebenfalls neu. Wir wurden herzlich empfangen und von den erfahrenen Müttern gleich eingewiesen, welche Verhaltensregeln herrschten. Es gab während des Turniers nur Obst oder trockenen Kuchen, was von den Eltern abwechselnd mitgebracht wurde, und zu trinken am besten Wasser oder Apfelsaftschorle. Keine Pommes, keine Würstchen oder Steaks, keinen Sahnekuchen oder Süßkram und auch keine Cola oder andere Limonaden. So wollten es die Trainer. Tatsächlich leuchtete ein, dass Ernährung und Leistung in direktem Zusammenhang stehen, aber wo bleibt für Kinder bitteschön der Spaß bei so einem Freizeitturnier?

Nun, Profivereine wie der SC Freiburg fahren nicht zum Spaß zu Jugendturnieren. Man wählt diese sorgsam aus. Im Vordergrund steht immer die Entwicklung der Spieler im Wettkampfmodus. Dazu gehören jede einzelne Trainingseinheit und auch jedes einzelne Spiel. Alles wird sorgsam und akribisch dokumentiert, um am Ende jeder Saison zu erkennen, ob es Fortschritte oder Stagnation gibt. Ja, und dann geht es auch um Renommee und Erfolge. Denn repräsentiert man einen Verein der höchsten deutschen Spielklassen, will man bei einem Turnier

„Profivereine wie der SC Freiburg fahren nicht zum Spaß zu Jugendturnieren."

am Ende auch gut abschneiden. Für den SC war und ist in der Jugend aber noch etwas anderes sehr wichtig: das Benehmen der Spieler auf und vor allem neben dem Platz. Wer da mit dem D-Zug durch die Kinderstube gerauscht ist, muss schnell umdenken und lernen, sich richtig zu benehmen. Susanne und ich hatten an diesem Tag also unsere erste Lektion gelernt und danach auch nie mehr vergessen.

Das NLZ des SC Freiburg hält seit seiner Gründung im Jahr 2000 für Jugendspieler aus dem Umland einen eigenen Fahrdienst vor. Es gibt die drei Routen Nord – Süd – Schwarzwald, auf denen regelmäßig Kleinbusse pendeln, um Spieler an fixen Punkten einzusammeln und abzuliefern. Der dünne öffentliche Nahverkehr und das sehr weitläufige Einzugsgebiet um Freiburg machen diese Investition in den Nachwuchs unerlässlich. Fahrdienste greifen beim SC ab der U14, also dem jüngeren C-Jugendjahrgang. Der Haken für uns: Constantin spielte damals mit seinem Team zwar bereits gegen C-Jugendliche, aber bewusst als U13-Team mit noch D-Jugendspielern. Dadurch wurde der Talentevorteil durch die körperliche Entwicklung der Gegner aufgehoben. Nicht selten führte das zu kuriosen Spielsituationen mit enormen Größenvorteilen für die eine Seite, aber Dribbelstärke und Schnelligkeit für die andere Seite. Es wirkte dann wie in der Legende „David gegen Goliath" und endete auch oft so.

Um es auf den Punkt zu bringen: Das erste Jahr in Freiburg hieß für uns, selbst den Fahrdienst zu übernehmen. Wir wussten das bei unserer Entscheidung fürs große JA bereits und hatten es bedacht. Tatsächlich sah unser eigener Shuttleservice dann folgendermaßen aus: Susanne übernahm zwei Nachmittage, den Dritten ich selbst. Das Wochenende mit Spiel oder Turnier fand meist gemeinsam statt, oder gesplittet, wenn Maximilian ein zeitgleiches Spiel hatte. Susanne war damals mit Emma noch in Elternzeit. Bei mir gestaltete sich alles durch meine Festanstellung etwas schwieriger. Der damalige Arbeitgeber zeigte sich aber entgegenkommend, gestattete für das Jahr einen halben Tag Sonderurlaub pro Woche – natürlich ohne Lohnausgleich. Mit unseren Rücklagen waren der Verdienstausfall und das Kilometergeld aber zu kompensieren. Leider gab es nie die Möglichkeit, unsere eigenen Eltern mit einzubeziehen. Denn Susannes Vater war schon früh mit 50 Jahren gestorben. Seine Enkel haben ihren Opi Günter leider niemals kennengelernt. Und mein Vater zeigte bereits erste Anzeichen seiner Alzheimererkrankung. Wir kannten sein Krankheitsbild damals noch nicht, aber die Auswirkungen führten dazu, dass wir keines unserer Kinder mehr in sein Auto steigen ließen. Er starb im Herbst 2018 an den Folgen seines Leidens.

Wir schafften das Jahr des selbstauferlegten Fahrdiensts. Und irgendwie taten uns die Nachmittage in Freiburg sogar gut. Man lernte alles kennen, die anderen Eltern, Jola und Marek, die Gaststättenwirte und damals die guten Seelen des NLZ, außerdem die Gepflogenheiten eines Profivereins. Für Constantin bedeutete es bei aller Umstellung einen vergleichsweise weichen Übergang hin zu den bald anstehenden deutlich härteren Jahren. Er wurde vom Taxidienst Frommann an vielen Trainingstagen noch vor dem Gymnasium abgeholt, die Schul- mit der Trainingstasche ausgetauscht, das Mittagessen auf der Fahrt nach Freiburg gegessen und irgendwie noch die Hausaufgaben dazwischen gequetscht. Am Ende der ersten Saison wurde er zusammen mit fast allen anderen Jungs in den nächsten Jahrgang übernommen.

4.1 Zieht die Schule mit?

Ein anderes wichtiges Thema betrifft die Schule. Wenn Spieler wie Constantin schon zeitig wechseln, wird das in vielen Fällen mit den Stundenplänen einer weiterführenden Schule kollidieren. Denn bei drei bis vier Trainingseinheiten am Nachmittag plus in seinem Fall dem Torwarttraining kommt es zwangsweise zu Überschneidungen. Rechnet man dann noch Fahrzeiten hinzu, beginnen auf einmal die Planspiele. Darum kann sich natürlich nicht der Verein bei seiner Trainingsplanung kümmern. Und die darauf abgestimmten Eliteschulen des Fußballs decken nur einen Teil der Talente ab dem Leistungsbereich U16 ab.

Nach der Saison 2010/11 endete unser privater Fahrdienst. Für Constantin begannen jetzt zwei super anstrengende Jahre. Nach dem Unterricht holten wir ihn ab und fuhren gleich zum Bahnhof. Im Auto lagen die bereits gepackte Sporttasche und eine Box mit seinem Mittagessen. Dann zum Zug und auf die zwanzigminütige Bahnfahrt zum Offenburger Bahnhof. Dort ist noch heute die äußerste Sammelstelle der SC-Nordroute. Weiter ging es im Kleinbus auf die Autobahn und noch einmal 70 Kilometer ins Möslestadion. Unterwegs wurden weitere Sammelplätze angefahren. Wenn alles glatt lief, dauerte die Hinfahrt rund 1,5 Stunden. Sie wurde für essen, lernen oder kurz verschnaufen genutzt. Wenn es nach dem Training wieder erschöpft zurück ging, brauchte es die Zeit viele Male einfach nur zum Ausruhen bzw. zum „Regenerieren", wie man im Fachjargon zu sagen pflegt. Trotzdem oft müde, holten wir ihn dann am Abend wieder am Bahnhof ab. Manchmal auch mit Wut im Bauch, denn so ein logistisches Feingeflecht funktioniert nur, wenn sich auch alle daran halten. Manchem Trainer war das aber egal. Dann führten weit überzogene Trainingszeiten dazu, dass Constantin und auch andere Spieler ihre Anschlussverbindungen vom SC Fahrdienst zum Zug oder Bus verpassten. So hieß es entweder eine Stunde warten, oder die Eltern holen ihr Kind dann wie in unserem Fall im 20 km entfernten Offenburg am Bahnhof ab. Leider konnte ich niemals die Frage stellen, ob einer der übereifrigen Trainer denn sein eigenes Kind an einem nasskalten Herbstabend eine Stunde an dunklen Bahnsteigen auf den nächsten Zug warten ließe, nur weil es ein anderer nicht schaffte, sich an die vereinbarten Spielregeln zu halten?

Das Talentfördersystem und die Vereine können auf Stundenpläne keine Rücksicht nehmen. Man muss sich an den Gegebenheiten orientieren. Aus diesem Grund suchten wir mit beginnendem Fahrdienst und dem neuen Trainingsplan in Händen sowie dem Rat der Trainer im Gepäck, mindestens dreimal die Woche zu trainieren (Zitat: „Besser wären vier Nachmittage!"), Ende der siebten Klasse das Gespräch mit dem damaligen Rektor unseres Gymnasiums. Oberstudiendirektor Paul Droll war eine stattliche Erscheinung und wir auf alles gefasst – nur vielleicht nicht auf das große Verständnis von seiner Seite. Wir hatten also wieder einmal Glück. Denn nachdem er sich Constantins Geschichte angehört hatte, meinte er, man könne es nicht hoch genug anrechnen, wenn Jugendliche sich für ein Ziel derart einsetzen und bereit sind, alles dafür zu geben. Leider kenne er genug andere Beispiele, darum wolle auch er Constantin gerne im Rahmen seiner Möglichkeiten unterstützen. Nun hat ein Rektor an der Schule das Sagen, kann sich allerdings nicht über Lehrpläne und Pflichtstunden hinwegsetzen. Er fand aber Wege, Constantins Stunden- und Trainingspläne so miteinander zu verflechten, dass ein gut abgestimmtes, aber durchaus anstrengendes Wochenprogramm auf ihn wartete. Dafür musste er bereit sein, für die eine oder andere Nachmittagsstunde in eine Parallelklasse zu wechseln. Beim Fach „Sport" drückten alle ein Auge zu, sodass er nicht alle Stunden mitmachen musste. Paul Droll war da sehr pragmatisch: „Wenn viele unserer Schüler in ihrer Freizeit nur halb so viel Sport treiben würden wie ein junger Leistungssportler, wäre unserem Lehrauftrag mehr als Genüge getan. Ich denke, Constantin wird in diesem Fach genug durch sein Hobby leisten!" Geschenkt wurde sonst allerdings nichts. Keine Arbeit, kein Test, keine Hausaufgaben. Und der eine oder andere Lehrer konnte mit Fußball so gar nichts anfangen, was man unseren Sohn hier und da auch spüren ließ. Er schaffte sein Pensum aber auch bei diesen „Paukern".

„Das Talentfördersystem und die Vereine können auf Stundenpläne keine Rücksicht nehmen."

Nach zwei Jahren ging der Rektor im Sommer 2012 in Pension, und wir konnten uns bis zum letzten Tag auf ihn verlassen. Dafür dankte ihm Constantin mit einem kleinen Geschenk, dem Teambook seiner damaligen U14-Oberligamannschaft. Außerdem schrieben wir ihm einen Brief, woraus auszugweise die folgenden Zeilen stammen:

„Da nun das Schuljahr beinahe vorüber ist, möchten Constantin und wir uns bei Ihnen dafür bedanken, dass Sie uns zu Anfang sehr entgegengekommen sind. Sie hatten ermöglicht, dass für unseren Sohn die Nachmittage zur Verwendung für das Training in der Freiburger Fußballschule zu Verfügung standen. Und trotz einiger Verschiebungen im Laufe des Jahres hat es alles in allem gut geklappt – und sich gelohnt.
Während der vergangenen Saison konnte Constantin durch den regelmäßigen Trainingsbesuch sein Torwartspiel deutlich weiterentwickeln. Durch seine stabilen Leistungen, die er Woche für Woche erbrachte, spielte er sich zum Stammtorhüter der U14-Oberligamannschaft des SC Freiburg und versäumte lediglich das letzte Spiel wegen des „Educational Stay" mit seiner Klasse in England. Nach Aussagen seiner Trainer zum Abschluss der Runde ist er auf einem guten Weg, mit Perspektiven für die kommenden Jahre. Aufgrund dessen wird er jetzt in die U15-Regionalligamannschaft übernommen, die bereits auch wieder mit dem Training begonnen hat. Rundenstart der Regionalliga Süd ist am letzten Ferienwochenende gegen die Stuttgarter Kickers. Eine Woche später wartet dann das Spitzenspiel gegen den FC Bayern München.
Zuvor steht für ihn aber ein anderes Erlebnis an, dass neben seiner Ausbildung in der Fußballschule des SC Freiburg ebenfalls nur wenigen jungen Fußballern zuteil wird. Am 16. Juli 2012 darf er mit der Südbadischen Auswahlmannschaft, in der er ebenfalls Stammtorhüter ist, für eine Woche zum Sichtungsturnier des Deutschen Fußballbundes in die Sportschule Kamen-Kaiserau fahren. Dort treffen eine Woche lang über 350 Spieler aller deutschen Landesverbände

aufeinander. Das Ziel ist es, im Rahmen der Talent- und Eliteförderung Spieler für die erste U15-Jugend-Nationalmannschaft zu sichten, deren Kader die kommenden Monate gebildet wird.

Was für uns aber ebenfalls besonders wichtig ist: Constantins gute schulische Leistungen haben nicht gelitten. Seine Abschlusszensuren dieses Schuljahrs werden zwar nicht ganz an das Vergangene heranrühren, was aber unter der Doppelbelastung Schule und Training mit einer 60-Stundenwoche nur verständlich ist. Er hat stattdessen gelernt, sich zu organisieren und die freie Zeit zur schulischen Vor- und Nachbereitung geschickt zu nutzen. Keine einfache Aufgabe für einen 14-Jährigen, der auch noch in der Pubertät steckt. Ein rückblickendes Resümee auf die vergangenen zwölf Monate fällt alles in allem aber positiv aus. Damit war und ist Ihre Unterstützung bei der individuellen Stundenplangestaltung für Constantin aufgegangen. Nochmals unseren großen Dank dafür.

Ob für Sie noch die Möglichkeit besteht, für das kommende Schuljahr eine Empfehlung bei Constantins neuer Stundenplangestaltung auszusprechen, können wir nur hoffen. Denn aufgrund gleichbleibendem Trainingsaufkommen, aber zusätzlichem Aufwand für Auswärtsspiele in Frankfurt, Nürnberg, Fürth, Augsburg oder zweimal München (die Anreise erfolgt dann bereits am Vortag) sowie die Talentförderung über den Auswahlbetrieb, muss eher mit wachsendem Zeitbudget für den Fußball gerechnet werden. Was hilft, sind Angebote des SC Freiburg. So fahren bei Auswärtsspielen beispielsweise Lehrer mit bzw. müssen die Spieler auch Aufgaben für die Schule während der Reisen erledigen. Außerdem stehen in der Fußballschule Pädagogen zu Verfügung, die bei Bedarf helfen. Dennoch wird für Constantin die Organisation noch herausfordernder, da er auch im kommenden Jahr zwischen Sasbach und Freiburg pendelt. Ein Entgegenkommen Ihrer Schule in ähnlicher Art und Weise wie in diesem Jahr wäre äußerst hilfreich. So viel kann heute schon festgestellt werden."

Spiele der U14 Oberliga und U15 Regionalliga führten bereits zum VfB Stuttgart, nach Hoffenheim, zu Waldhof Mannheim und sogar bis nach Bayern zu den 60ern, zum FC Augsburg, nach Nürnberg oder zum FCB. Die Eltern waren wann immer möglich dabei.

Zum Glück zeigte auch der neue Schulleiter das notwendige Entgegenkommen, sodass Constantin seine neunte Klasse gut abschloss. Eines hat in all dieser Zeit aber gelitten. Obwohl unser Sohn offen und bei Freunden sehr beliebt ist, gab es fast keine Möglichkeit, in eine Klassengemeinschaft hineinzuwachsen oder neben dem Fußball neue Freundschaften in seiner weiterführenden Schule zu finden. Wie auch, wenn ein Kind keine Zeit mehr hat, mit anderen zu spielen, herumzutoben, zu übernachten oder für all die Dinge, die wir gerade noch einmal mit unserer Tochter Emma erleben dürfen. Mit einer Ausnahme: Klassenkamerad Michi und Constantin wurden dicke Kumpels, wenn auch nur auf Zeit. Das Gute daran war, dass Michi mit Fußball so gar nichts am Hut hatte. Wenn sie sich trafen, waren andere Dinge wichtig. Außerdem erfuhr ich erst viel später, dass bei den beiden ab und an auch schon mal die Unterrichtszeit dran glauben musste, um Unsinn zu machen.

Tatsächlich haben Susanne und ich uns in dieser Zeit oft gefragt, ob wir richtig entschieden haben mit dem Wechsel zu einem Profifußballverein. Unser Sohn hat uns niemals einen Vorwurf gemacht, obwohl wir wissen, dass ihm damals so manches fehlte. Ich bin mir sicher, seine Liebe zu diesem Sport war einfach so groß, dass er es schaffte, alles andere auszublenden, um bei aller Anstrengung und Mühe noch glücklich zu sein.

4.2 Wochenenden für Jahre ausgebucht

Im Frühling 2018 verbrachten Susanne und ich mit zwei sehr guten Freunden einen der selten gewordenen freien Abende. Die Zeit als Familie mit drei Kindern lässt die Pflege sozialer Kontakte im gewünschten Maße nicht zu, dachte ich immer als meine Erklärung dafür. Birgit und Wolfgang sind Constantins Paten, haben ihn bis heute immer sachte, aber mit viel Liebe und Freude auf seinem Weg beobachtet und begleitet. Sie kennen unsere Familie sehr gut.

An diesem Abend spiegelte mir Wolfgang während unseres Gesprächs, was mir so nie wirklich bewusst war: „Ihr habt ja in den letzten Jahren einfach sehr viel Zeit für Constantins Sport verwendet. Das ging nicht anders, aber darum hatten auch wir wenig Gelegenheit füreinander. Wochenenden waren eben Fußball bei euch. Das ist gar nicht schlimm, aber dafür seid ihr halt viel unterwegs gewesen. Schön, wenn wir in Zukunft wieder öfter etwas miteinander unternehmen können!" Wow, das hatte irgendwie gesessen. Ich weiß genau, dass Wolfgang das nicht vorwurfsvoll meinte – ganz im Gegenteil. Aber wenn du von deinen besten Freunden gesagt bekommst, dass der Fußball eine Familie mit einem Talent letztendlich bestimmt, dann muss da wohl etwas dran sein. Man akzeptiert einfach irgendwann und unbemerkt, wie es läuft, wer und was den Takt vorgibt. Man arrangiert sich damit, weil es still und heimlich zum Teil des eigenen Lebensabschnitts geworden ist. Dafür können ja auch Constantin, kein anderer Nachwuchsspieler oder die Vereine etwas. Aber es sollte wenigstens alle Beteiligten interessieren, welche Veränderungen das Talentfördersystem des deutschen Fußballs jedes Jahr für Tausende Familien bedeutet.

Tatsächlich waren unsere Wochenenden für Jahre ausgebucht. Nach dem ersten Fahrdienstjahr ging es mit den Transportfahrten weiter für uns zu den Heim- und Auswärtsspielen im Freiburger Umkreis, da die SC-Busse nur unter der Woche fuhren. Um ehrlich zu sein, hätten wir uns kein Spiel nehmen lassen, weder bei Constantin noch bei Maximilian. Zeitaufwand und Spritverbrauch stiegen aber spürbar. Denn es standen die ersten großen Turniere an. Erst im Großraum Baden-Württemberg, dann auch in Österreich und in der Schweiz. Später folgten in der Oberliga Baden-Württemberg und Regionalliga Süd Auswärtsfahrten nach Hessen und Württemberg, in der Folgezeit nach Bayern und in die Pfalz. Natürlich waren es immer tolle Erlebnisse, weil wir all das ja niemals erlebt hatten.

„Tatsächlich waren unsere Wochenenden für Jahre ausgebucht."

Allein darüber könnte man ein eigenes Buch schreiben. Man spielt gegen andere Bundesligaclubs oder Profiteams aus dem Ausland. Ob dieser Umstände kommen gelegentlich die ersten Anwandlungen, aber dennoch gilt: Schön die Beine auf dem Boden halten. Das gilt für die Spieler und genauso auch für stolze Mütter und Väter.

Wir haben erlebt, dass viele Eltern, wenn irgendwie möglich, mit an Bord waren. Man wuchs in diesen Jahren U13 bis U15 nicht nur zu einer Zweckgemeinschaft zusammen, die sich half. Es entstanden Freundschaften. Organisieren musste man sich selbst, wenn es zum Auswärtsspiel oder Turnier ging. Wo ist das genau, wer kommt mit, wer übernachtet wo, was brauchen die Jungs? Irgendwann fragte ich mich, dass sich vieles davon doch von Jahrgang zu Jahrgang wiederholen müsse. Warum also fangen alle Eltern in jeder Saison immer wieder bei null an? Man könnte doch eine vertikale Vernetzung im U-Bereich ermöglichen oder das einmal gewonnene Wissen zusammentragen bzw. weitergeben und weiterentwickeln. Moderne Kommunikationsmittel bieten dafür ja durchaus Möglichkeiten. So viel zur Theorie. Meine Gedanken, die ich dann irgendwann auch an unser NLZ weitergab, wurden gehört, ohne etwas zu bewegen. Es gab anscheinend noch unsichtbare Grenzen zwischen Vereinen und Eltern der jungen Talente. Dass das so ist, habe ich in den vergangenen Jahren irgendwann gelernt. Warum es so bleiben muss, habe ich nie wirklich verstanden und konnte mir bis heute auch niemand schlüssig erklären. Nachdem das DFB-Talentförderprogramm und die Trainerausbildung aber in Überarbeitung kamen, dazu vielen Profivereinen durch die Coronakrise Sparzwänge auferlegt wurden, ist in das Thema „Talentbindung, Persönlichkeitsbildung und Elternarbeit“ Bewegung gekommen.

4.3 Immer wieder Trennungsschmerzen

Wir Eltern eines Jahrgangs verbrachten über die Jahre viel Zeit miteinander. Und man fieberte nicht nur mit dem eigenen Jungen, sondern ebenso mit den anderen Kindern. Darum war es immer spannend und auch bitter zugleich, wenn sich die Saison dem letzten Drittel entgegenbewegte. Dann standen die Entwicklungsgespräche an. Mit den Eltern und den Spielern. Und folgende Frage bleibt bis heute die dann wohl am meisten gestellte: „Und, seid ihr weiter?"

Es gibt bis zur U15 keine Garantien. Erst danach ändert sich durch die Möglichkeit von Förderverträgen die Sachlage ein wenig. So entscheiden Trainer von Saison zu Saison, wer sich nach Ansicht des Vereins entwickelt hat, wer stagniert, wer schulisch eingebrochen ist oder wer vielleicht verletzungsbedingt nicht alles abrufen konnte – wer in der kommenden Saison dabei sein soll, weil er sportliche Perspektiven hat, wer abfällt oder wer dem weiter wachsenden Druck aller Voraussicht nach nicht standhalten wird. Es geht dann um harte Entscheidungen.

„Und, seid ihr weiter?"

Und jetzt verrate ich Ihnen ein kleines Geheimnis: In all den Jahren, seit wir dabei sind, hat nicht ein einziger Trainer bei einem Spieler eine einmal getroffene Entscheidung revidiert, nur weil sich ein Vater oder eine Mutter für ihr Kind ungerecht behandelt fühlten. Es nützt also nichts, sich zu beschweren. Das mögliche Ende in einem NLZ gehört immer auch mit dazu, weshalb es für das soziale Umfeld so unglaublich wichtig ist, niemals Abhängigkeiten zum Hobby des Kindes herzustellen oder in seinem Sohn gar den eigenen Kindheitstraum erfüllt sehen zu wollen. Ich selbst sagte mir immer: „Glaube es erst, falls es so weit kommt!" Es gab über die Jahre genügend Elterngrollen und manchmal auch wenig schöne Worte, die im Schicksalsmoment der Trennung von Vätern und Müttern zu hören waren. Aber es können eben niemals alle mitgenommen werden. Dafür ist der leistungsorientierte Sport auch nicht ausgelegt. Letztendlich sind es die aussichtsreichsten, durchsetzungsstärksten und lernwilligsten Talente, die ihre Chance zum nächsten Schritt erhalten. Und ein wenig spielt auch das Glück eine Rolle.

Sicher habe ich gut reden, weil Constantin bis zum Schluss niemals zu den Wackelkandidaten oder Aussortierten gehörte. Dafür wissen Susanne und ich, welches Pensum dafür zu leisten war. Und wir fühlten immer mit, wenn andere Liebgewonnenes aufgeben mussten, weil es von den Vereinstrainern so entschieden wurde. Trotz aller Entlastung der Kinder vom Stress bleibt das Aus bei einem Nachwuchsleistungszentrum für Spieler und Eltern immer mit großem Trennungsschmerz verbunden. Am meisten für die, die gehen, aber ein wenig auch für die, die bleiben.

Eines möchte ich an dieser Stelle allen Talententwicklern in den Nachwuchsleistungszentren gerne mit auf den Weg geben: Warten Sie nicht bis zum allerletzten Moment mit der Entscheidung, wenn Sie Spieler aussortieren müssen! Die Gründe sind so simpel wie verantwortungsbeladen. Viele Talente suchen vor allem ab beginnendem Leistungsniveau eine zweite Chance, brauchen dafür aber ein anderes NLZ, dessen Kaderplanung noch nicht abgeschlossen sein darf. Es kommt vor, dass dieser Verein in einem anderen Bundesland liegt. Wer die föderale Ferienregelung und Lehrplangestaltung in Deutschland kennt, weiß jetzt genau, welche Probleme auf einen Schüler und Spieler zukommen werden, wenn nicht rechtzeitig feststeht, wohin die Reise geht. Vor allem müssen seine Erziehungsberechtigten diesen nächsten Schritt mittragen und organisieren. Dass ein solcher Transfer genügend Vorbereitungszeit erhält, fällt in die Kategorie „Fürsorge und Verantwortung" abgebender Vereine für ihre eigenen Jugendspieler. Und ebenso kann ein sachlich geführtes Gespräch auf Augenhöhe resümieren, dass der Weg zurück in den Jugend-Amateurfußball vielleicht der angebrachtere für den jungen Spieler ist. Dann sollten Eltern Einsicht zeigen und ihr Kind auffangen, anstatt etwas anderes zu erzwingen.

„Warten Sie nicht bis zum allerletzten Moment mit der Entscheidung, wenn Sie Spieler aussortieren müssen!"

5 Wechsel ins Fußballinternat

Während der Zeit des Pendelns fand Constantin erste Freunde aus seiner Mannschaft in Freiburg. Allen voran war es Alec, ein technisch hochbegabter und intelligenter Fußballer, der nach der Talentförderung ein Fußballstipendium und Studium in den USA begann. Und es spielte sich nach und nach ein, dass Constantin bei ihm übernachten durfte, wenn Freitag Training und Samstag Heimspiel war. Das erleichterte ihm vieles, und wir waren sehr froh, dass Alecs Eltern Bettina und Wolfgang zu seinen Gasteltern auf Zeit wurden. Ein anderer Junge in Constantins Mannschaft war Chrisi. Auch bei ihm und seiner Familie fand er von Zeit zu Zeit Herberge. Für Susanne und mich war es gut zu wissen, dass unser Sohn durch andere Eltern und liebe Menschen etwas Entlastung erhielt. Noch heute zählen Alec und seine Familie zu Constantins engen Freunden.

Ab der U16 beginnt in der Talentförderung der Leistungsbereich. Es ist ein Entwicklungsschritt, bei dem die Messlatte deutlich spürbar höher gelegt wird. Constantin hatte im Jahr 2013 die neunte Klasse gemeistert und war 14 Jahre alt, als ihm der SC Freiburg ein Angebot unterbreitete. Dazu bat man uns zu einem Gespräch in die Fußballschule. NLZ-Leiter und Chefscout erklärten Constantin, dass man mit seiner Entwicklung als Torwart sehr zufrieden sei. Außerdem habe er sich auch als Team- und Führungsspieler gezeigt, weshalb man denke, dass er es sehr weit bringen könne. Allerdings brauche das den gleichen Einsatz wie bisher plus der Möglichkeit für ihn, noch näher an den Ort des Geschehens heranrücken zu können. Denn für die nächsten Jahre würde das Pensum nochmals steigen, kämen auch Sondertrainings an den Vormittagen hinzu. Darum könne für ihn das bisherige Pendeln auf Dauer keine Lösung mehr sein. Deshalb würde man ihn gerne zu sich ins Fußballinternat nach Freiburg holen. Wir könnten es uns gerne in Ruhe überlegen, allerdings sehe man in seinem Fall neben einem Wechsel leider keine andere Möglichkeit aufgrund der großen Entfernung zu unserem Wohnort. Für weitere Fragen das Internat betreffend kämen uns in der nächsten Zeit gerne auch einmal die zuständigen Mitarbeiter besuchen.

Und so kam es, dass einige Tage später die beiden Pädagogen des Nachwuchsleistungszentrums zum Kaffee in unserem Garten saßen. Ihre Aufgabe umfasst die Begleitung der schulischen und beruflichen Ausbildung der Internatsschüler, wozu selbstredend die Kontaktpflege mit den Eltern gehört. Darüber hinaus sind sie Sozialbegleiter im Alltag und betreuen mit ihrem pädagogischen Team die Jungs Tag und Nacht, an Werktagen und am Wochenende. Constantin und wir erfuhren alles über die Abläufe im Internat, den anstehenden Schulwechsel und das Vorgehen bei Absprachen mit uns Eltern. Es war ein sehr angenehmes Gespräch, und rückblickend können Susanne und ich feststellen, dass wir bei beiden das richtige Bauchgefühl hatten. So erlebten wir alle über die Jahre einen vertrauensvollen Umgang miteinander. Selbst dann, als es ab und an galt, die Klippen der Pubertät zu umschiffen. Beide Pädagogen gehören zur Langzeitbesetzung des NLZ Freiburg, und was ich zuvor schon einmal erwähnte, trifft vollumfänglich zu: Menschen wie sie sind unbezahlbar.
Es ist von großer Bedeutung, sich ein möglichst breit gefächertes Bild von den Rahmenbedingungen zu machen, wenn ein Talent komplett aus der Familie zu einem Verein wechseln soll. Die Zertifizierungsergebnisse der deutschen Leistungszentren mit der Vergabe von einem bis drei Sternen sind da nur eine kleine Entscheidungshilfe. Denn mittlerweile gehen einige Clubs deutlich weiter in ihren Angeboten, als es die Zertifizierung ausdrückt[3]. Man hat dazugelernt, beispielsweise bei der medizinischen Versorgung

---

[3] Konzepte der Nachwuchs- und Leistungszentren SC Freiburg und TSG Hoffenheim; Maximilian Frommann, Semesterarbeit 2016, iba Freiburg

heranwachsender Spitzensportler, was bei der Zertifizierung meiner ganz persönlichen Einschätzung nach deutlich zu wenig Gewicht erhält. Fragen Sie im Zweifelsfall nach, ob es hauptamtliche Ärzte in Ihrem NLZ gibt und wie die Kommunikation zwischen Eltern und medizinischer Abteilung im Verletzungs- bzw. Genesungsfall vonstattengeht. Tatsächlich befindet sich jetzt, da ich diese Zeilen schreibe, das Zertifizierungssystem in einer Überarbeitungsphase. Es wurde erkannt, dass Sterne allein keine Aussagekraft mehr für die Qualität von Ausstattung, sportlicher Ausbildung und pädagogischer sowie sozialer Begleitung der Talente und des sozialen Umfelds haben, der bisherige Mechanismus für die Verteilung der Zuschüsse an die Vereine also angepasst werden muss.

5.1 Unser Kind zieht aus

Das NLZ ist die eine, die Schule die andere Sache. Wie sehr viele Profivereine kooperiert der SC Freiburg mit verschiedenen Eliteschulen des Fußballs. Auf gymnasialer Ebene ist es vor Ort das Rotteck Gymnasium, an das Constantin wechseln sollte. Auch dort gab es einen Vororttermin, und ich glaube, es war schon ein merkwürdiges Gefühl für unseren Sohn, auf halber Strecke zum Abitur die Pferde zu wechseln. Wahrscheinlich überzeugten ihn damals zwei Begebenheiten. Es gab eine Klasse, in der alle SC-Spieler zusammen waren und für die der Stundenplan dem Training angepasst wurde. So kannte er schnell einige Klassenkameraden, schließlich spielten sie ja auch in seiner Mannschaft. Und: Sein Sportlehrer war gleichzeitig auch der Kooperationslehrer zwischen Verein und Schule. Aber vor allem war er Constantins angehender Torwarttrainer.

Einziges echtes Manko waren die beengten räumlichen Verhältnisse des Internats in Freiburg. Nach in Augenscheinnahme eines der 16 Zimmer mussten wir schon schlucken, wie wenig Platz einem Jugendlichen zur Verfügung steht. Es gibt auch kein Bad in den einzelnen Räumen, lediglich ein Waschbecken für zwei. Dafür eine

Gemeinschaftsdusche und den Wäsche- und Trockenraum neben der Gemeinschaftsküche. So wird für die Neuankömmlinge in den Zimmern am anderen Ende des langen Gangs die Körperpflege immer zum Schaulaufen vor den Besucheraugen der kleinen Gaststätte, die zugleich auch Kantine für Spieler, Trainer und die Mitarbeiter des NLZ ist. Seine Privatsphäre zu wahren, ist für ein Internatsspieler also ein echtes Kunststück. Andererseits wird unter den Bewohnern und Verantwortlichen ein außergewöhnliches Gemeinschaftsgefühl entwickelt. Das haben wir wirklich so erlebt. Ich denke, die Wahrheit und das Optimum für ein NLZ liegen irgendwo dazwischen. Nachdem wir schließlich noch Jola und Marek kennenlernten, waren wir aber alles in allem sicher, dass unser Kind in guten Händen sein würde. Beide managten zu jener Zeit die Gaststätte – eine echte Herausforderung bei den beengten Verhältnissen. Vor allem war Jola aber auch „Ersatzmutter" für alle Jungs, die über die Jahre kamen. Und jeder Internatler, bestimmt auch Constantin, fragte sie ab und an um Rat, hat sich vielleicht sogar von ihr das eine oder andere Mal trösten lassen.

Dann war es klar. Unser Sohn wird daheim ausziehen. Mit 14 Jahren geht er bereits seine eigenen Wege. Was es für uns als Familie bedeutete, ist mit Worten nicht zu beschreiben. Es fehlte auf einmal eines von fünf unersetzbaren Puzzleteilchen. Für Maximilian der kleine Bruder, mit dem er seit seiner Geburt so vieles geteilt hatte, für die kleine Emma mit ihren sechs Jahren der „wilde Kerl" zum Ärgern und Kuscheln, und für uns eines unserer drei Kinder – die wichtigsten Menschen in unserem Leben! Es fühlte sich schrecklich an. Und das Einzige, das uns in diesen ersten Wochen half, war die räumliche Nähe zu Freiburg, um unser Kind zu besuchen oder abzuholen, wann immer wir es für richtig hielten.

Wenn ich heute immer häufiger über Transfers minderjähriger hochbegabter Spieler lese, innerhalb Deutschlands, Europas und sogar rund um den Erdball, dann sträuben sich mir oft die Nackenhaare. Was von diesen Kindern – denn das sind viele noch – erwartet wird, befeuert von Unsummen für Transfer und Gehalt, ist surreal und eine unmenschliche Last für die Heranreifenden. Ich verstehe auch deren Eltern nicht, die hinterhertingeln, weil es laut FIFA-Statuten die einzige Möglichkeit ist, das Geschäft regelkonform über die Bühne zu bringen. Wo bitteschön bleibt die sportlich und menschlich altersgerechte Entwicklung dieser Hochbegabten, die eigentlich noch alle Zeit der Welt haben sollten? Soziale Verantwortung sieht anders aus, sie sollte gerade bei Jugendlichen sehr sorgfältig praktiziert werden. Nach deren Reife bleiben noch viele Erwachsenenjahre, den Beruf überall auf der Welt auszuüben. Und wozu haben wir in Deutschland ein so ausgeklügeltes Talentfördersystem, wenn ganz oben immer häufiger teure Transfer-Talente den selbst ausgebildeten Spielern vorgezogen werden?

„Wozu haben wir in Deutschland ein so ausgeklügeltes Talentfördersystem, wenn ganz oben immer häufiger teure Transfer-Talente den selbst ausgebildeten Spielern vorgezogen werden?“

5.2 Die ersten Verträge

Mit dem Internatsvertrag, den wir mit dem SC Freiburg abschlossen, war gleichzeitig noch ein weiteres Papier zu unterzeichnen – Constantins erster Fördervertrag. Wer einen solchen erhält, bekommt erstmals eine gewisse Ausbildungszusage über einen vereinbarten Zeitraum. Für uns war es Bedingung, dass diese Zeit mindestens das Ende der Abiturzeit umfassen müsse, sonst wäre der Wechsel in Sachen Schule auf äußerst tönernen Füßen gestanden, hätte wenig Sinn gemacht.

Tatsächlich wurde damit aber ein neues Kapitel aufgeschlagen. Denn irgendwann beginnt das leidige Thema „Geld“ im Juniorenfußball eine Rolle zu spielen und in kürzester Zeit einen Raum einzunehmen, wie Sie es sich vielleicht nicht vorstellen können. Wahrscheinlich war es ein weiterer Glücksfall für uns, bei einem Verein mit vernünftigem Umgang in Sachen Finanzen gelandet zu sein. Man hält sich an die Empfehlungen des DFB und schießt bei Förderverträgen nicht maßlos über die Vorgaben hinaus. Es soll einmal ein Gentlemen-Agreement unter allen Bundesligavereinen gegeben haben, dass das direkte Abwerben minderjähriger Spieler untereinander ausgeschlossen hat. Nun, wen ich nicht werbe, den locke ich eben – mit Glanz und Geld. Man darf sich doch sicher sein, dass Informationen über Zuwendungen von Vereinen in den Kreisen junger Fußballer schneller die Runde machen, als man auf zehn zählen kann. Und dass bereits vierstellige Monatsbeträge für U17-Spieler bezahlt werden, Talente bald mehr Geld als ihre Eltern verdienen, wurde hinlänglich über die Medien publik.

5.3 Geld regiert die Fußballwelt

Dazu will ich an dieser Stelle vorgreifen und Ihnen eine kleine Geschichte erzählen. Constantin kam am 14. Januar 2014 aus dem Wintertrainingslager des DFB mit seiner U16-Nationalmannschaft aus dem spanischen La Manga zurück. Ich holte ihn am Bahnhof ab. Einen Tag später bei der Rückfahrt ins Internat machte er seinen Erfahrungen einmal Luft. Durch die lange Zeit in Spanien erfuhren die Jungs auch einiges übereinander. Außerdem waren sie in Wohngruppen untergebracht, ähnlich der A-Nationalmannschaft kurze Zeit später während der WM 2014 im brasilianischen Campo Bahia. So waren mit Constantin zwei weitere Jungs vom SC sowie drei Spieler zweier anderer Bundesligisten zusammen untergebracht. Man freundete sich an und redete offen über das eine oder andere, das die außergewöhnliche Lebenssituation junger Spitzenfußballer mit sich bringt. So kam zutage, dass manche Clubs tatsächlich fünfstellige Prämien bezahlen, wenn ein Junge seine Volljährigkeit im Verein erreicht. Wohl, um diese zu halten. Bei einem anderen Verein habe nicht nur der Spieler, sondern gleich noch der Vater ein Auto bekommen. Insgesamt stellte sich heraus, dass monatliche Vergütungen oder Sachleistungen von U17-Jugendspielern bei einigen Bundesligisten deutlich über dem liegen, was Förderverträge und empfohlene Mindestgehälter eigentlich ausweisen sollten. Aber natürlich ist das nicht verboten.

Mit diesem Wissen ausgestattet, hatte Constantin auf einmal regelrechte Minderwertigkeitsgefühle und war hin und her gerissen, ob er denn noch richtig aufgehoben sei. Wer kann ihm das verdenken, schließlich reden wir über unerfahrene Heranwachsende im Alter von 15 Jahren. Susanne, ich und auch unser Berater haben in dieser Phase viel mit Constantin über die gesamte Situation gesprochen und erläutert, dass er trotz allem auf seiner Wegstrecke zu diesem Zeitpunkt beim SC Freiburg richtig aufgehoben sei und sich jetzt nicht durch finanzielle Ungleichheiten aus der Ruhe bringen lassen dürfe. Wichtig war erst einmal, Schule und Fußball, bald auf höchstem Juniorenbundesliganiveau, zu meistern. Und nach Abschluss seiner Torwartgrundausbildung auf hohem Niveau stünden ihm für seine weitere Karriere noch immer viele Türen offen. Er verstand und akzeptierte, dass es der richtige Weg war.

Mit den ersten Verträgen kommen also auch die ersten echten Probleme. Dann ist es gut, einen seriösen Berater zur Seite zu haben, für den bei Jugendspielern die Ausbildung im Vordergrund steht. In diesem Punkt spielte uns wieder der Zufall in die Hände. Dazu aber mehr im nächsten Kapitel.

5.4 Zu weit für die Liebe

Als Constantin nach Freiburg ging, hatte er nicht nur Abschiedsschmerz im Gepäck, sondern auch Schmetterlinge im Bauch.

Tatsächlich war er das erste Mal so richtig verliebt. Nun sucht sich die Liebe aber keinen Zeitpunkt aus. Sie kommt, wann sie will. Bei Constantin war das ausgerechnet kurz vor seiner Entscheidung zum Umzug ins Internat, was das Ganze noch schwerer machte. Und irgendwann kam er zu mir, bat um Rat, was er denn jetzt tun solle? Mache es denn überhaupt Sinn für ihn, sich zu verlieben, jetzt, wo er weggehe und wahrscheinlich gar keine Zeit für seine Freundin haben würde? Denken Sie einmal kurz darüber nach, was Sie an meiner Stelle jetzt empfohlen hätten.

Nun, wenn es um die Liebe, vor allem um die junge Liebe geht, dann darf nicht die Vernunft alleiniger Ratgeber sein. Junge Menschen müssen ihre Erfahrungen machen. Und auch wenn Constantins Timing nicht das beste war, mussten seine Freundin und er von uns doch alle mögliche Unterstützung bekommen. Langer Rede, kurzer Sinn: Ich sprach ihm zu, sie sollten es probieren und einfach schauen, wo es hinführt. Wir werden seine Freundin gerne immer mitnehmen, wenn wir zu ihm nach Freiburg fahren. Und wenn er nach Hause kommt, können sie sich ebenfalls sehen. Am Ende sollte er selbst erfahren, was es bedeutet, neben Schule und Leistungsfußball auch noch eine Beziehung unter einen Hut zu bringen. Und so machten die beiden es dann auch. Bei allen Hürden der Entfernung, ohne Führerscheine und mit wenig Zeit ausgestattet, erlebten sie ein wunderbares Jahr, wie ich glaube. Und wenn es Constantins Zeitplan erlaubte, war er daheim. Das war für uns ein schöner Nebeneffekt dieser Geschichte. Aber irgendwann zeichnete sich ab, dass eine Fernbeziehung allen Schwierigkeiten zum Trotz auf Dauer nicht standhalten konnte. Es war damals einfach zu weit für die Liebe. So trennten sich beide in Freundschaft. Danach nabelte sich unser Sohn spürbar noch mehr von uns ab, war wieder ein kleines Stückchen erwachsener geworden. Das merkte man ihm an, als Fußballer und als Mensch. Im NLZ wurde er damals zum B-Junioreninternatssprecher gewählt. Man traute ihm wohl langsam zu,

Führungs- und Vorbildfunktionen zu übernehmen, wofür die neue Aufgabe ein guter Testlauf war.

5.5 Es pubertiert auch bei Fußballern

Es ist nicht so, dass junge Leistungssportler die Pubertät einfach überspringen. Obwohl, manchmal habe ich den Eindruck, man würde diesen wichtigen Entwicklungsschritt während der Talentförderung am liebsten ausblenden. Denn eigentlich ist diese Zeit ja äußerst kontraproduktiv, was die Ausbildung eines angehenden Fußballprofis anbelangt. Und bestimmt ist es für einen Einzelsportler eine noch viel größere Herausforderung, diese Jahre zu überstehen. Im Fußball kann ein Spieler eine gewisse Zeit über das Kollektiv mitschwimmen, wenn es um Entwicklungsverzögerungen, Leistungseinbrüche, Motivationsprobleme, vielleicht auch um Verletzungen oder die Liebe geht. Bei jungen Tennisspielern, Skifahrern, Golfern oder Leichtathleten – um nur eine kleine Auswahl zu nennen –, kann die Pubertät das abrupte Ende bedeuten.
Von der Adoleszenzphase sind alle jungen Menschen gleichermaßen betroffen. Was variiert, sind Beginn, Ausprägung und Dauer.

„Von der Adoleszenzphase sind alle jungen Menschen gleichermaßen betroffen.“

Wahrscheinlich ist es die Phase, in der die meisten Leistungssportler von sich aus hinschmeißen, für ihr Umfeld oft ohne ersichtlichen Grund. Aber es passiert ja so unglaublich viel, auch im Kopf. Und man will, nein, man muss jetzt Grenzen austesten, was für ein selbstbestimmtes Leben einmal enorm wichtig werden wird. Das klappt allerdings nur, wenn es ein soziales Umfeld gibt, das Grenzen aufzeigt, notfalls Grenzüberschreitungen sanktioniert.
Das gilt auch für Fußballtalente, wozu ich Ihnen von einer Begebenheit berichten möchte. Im Januar 2015 fegte eine heftige Grippewelle über ganz Süddeutschland. Sie hatte auch unseren Sohn erwischt, der darum aus dem Internat zu uns nach Hause gekommen

war. Dann erreichte mich ein Anruf aus dem NLZ, Constantin sei vor wenigen Tagen in Freiburg beim Kauf von Alkohol beobachtet worden. Ob das denn stimme, fragte man mich? Mein anschließendes Kreuzverhör war kurz. „Ja, es stimmt“, räumte der Ertappte unumwunden ein. Denn ein Freund hatte am nächsten Tag Geburtstag, und man habe mit Mixgetränken um Mitternacht mit ihm darauf anstoßen wollen. Das geschah, und dabei waren außer unserem Sohn noch andere Spieler seiner Mannschaft.

Für jeden Halbwüchsigen hört sich das jetzt unspektakulär an. Anders bei jungen Leistungssportlern, für die Alkohol in jeder Form ein absolutes Tabu ist. Und was dann folgte, war so einprägsam wie vielleicht auch ein klein wenig übertrieben. Der Trainer ließ alle beteiligten Jungs spüren, dass sie Mist gebaut hatten. Vor versammelter Mannschaft warf er ihnen auf dem Platz unprofessionelles Verhalten vor und dass Alkohol für angehende Profis ein absolutes No-Go sei. Mit diesem Verhalten sei Leistung nicht möglich, und sie würden ihr Team damit im Stich lassen. Es folgte ein Straftraining, die Geschichte machte schnell die Runde, und die nächste Zeit trug jeder der fünf das unsichtbares Brandmal eines Übeltäters auf der Stirn. Natürlich machten auch wir unserem Sohn den Vertrauensbruch klar, da wir oft über das Thema Alkohol gesprochen hatten, wie übrigens auch mit seinen Geschwistern. Damit war die Sache abgehakt – zunächst.
Denn kurz darauf folgte der zweite Ausrutscher ganz anderer Natur, als Constantin nach einem Kinobesuch mit einem anderen Internatsspieler und Mannschaftskollegen nicht pünktlich um 22 Uhr zurück war. Sie waren 30 Minuten zu spät. Da sie dem pädagogischen Leiter aber nicht die wahre Geschichte erzählten, sondern eine Ausrede erfanden, war dieser zu Recht angefressen. Die Folge: Hausarrest für beide und Streichung der eigentlich geplanten Übernachtung bei seinem Freund Alec am folgenden Wochenende in Freiburg, für das er schon die Erlaubnis hatte.

Da war für Constantin ein Tiefpunkt erreicht. Als wir telefonierten, merkte ich gleich, dass etwas nicht stimmte. Seine Ausrutscher waren Mist, aber auch das Ergebnis von pubertierendem Verhalten und einer schwierigen Gesamtsituation, die ich von zu Hause aus nicht beurteilen konnte. Es wurde brenzlig, Zitat Constantin: „Ich werde hier noch wahnsinnig!“ Das reichte mir, um zu wissen, dass gerade alle Bäume brannten. Kurz entschlossen sagte ich das geplante Wochenende mit meiner AH-Mannschaft plus Spielbesuch beim 1. FC Köln ab, fuhr nach Rücksprache mit der Internatsleitung morgens nach Freiburg und holte unseren Sohn nach Hause. Es war die richtige Entscheidung. Wir gingen zu Susanne und Emma, die beim Reiten waren, nachmittags zum Spiel von Maximilian und später noch alle zusammen etwas essen, ehe ich ihn etwas beruhigter wieder pünktlich um 22 Uhr in Freiburg ablieferte. Wenn auch nur für wenige Stunden, so brachte dieser Sonntag den dringend benötigten Tapetenwechsel für den Jungen.

Das Internatsgeschehen pendelte sich danach im Laufe der Zeit ein. Constantin erkannte, welche Freiheiten er sich nehmen konnte und wo es Grenzen gab – auch beim Spielraum, den Pädagogen und Betreuer in NLZs immer haben sollten. So waren die folgenden Gespräche mit der Leitung erfreulich, es gab wenig Grund zur Kritik, vielmehr die Anerkennung seiner Leistungen in der Schule, beim SC und beim DFB. So ganz nebenbei machte er im Sommer 2015 mit 17 Jahren auch seinen Führerschein in nur fünf Monaten. Irgendwie quetschte er das bei allem noch dazwischen. Als neuer fester U19-Torwart und im letzten Internatsjahr genoss er in der Folge zudem das Privileg des letzten Umzugs in das „beste“ Zimmer am anderen Ende des Flurs gegenüber den Duschen. Damit war das Schaulaufen vor der Gaststätte auch vorbei. Und langsam aber sicher begann sich die schwierigste Phase der Pubertät auch aus seinem Leben zu verabschieden, zur Freude aller Beteiligten.

Wäre Constantin zu dieser Zeit wohl bei einem Profiverein mit dauerhafter Medienpräsenz gewesen, noch dazu als Juniorennationalspieler, ich möchte nicht wissen, wie manche Geschichten möglicherweise verlaufen wären. Aber auch in München, Hamburg, Dortmund, Leipzig, Bremen oder Stuttgart durchleben Talente die Zeit der Pubertät in gleichem Maße. Darum würde ich mir wünschen, man ließe sie erst einmal in Ruhe erwachsen werden, ihre Fehler machen, damit anschließend ihr soziales Umfeld und der Verein sie wieder einnorden können. Nicht jede Begebenheit muss nach außen gekehrt, verurteilt oder über Gebühr hochgejubelt werden. Die meisten Talente brauchen noch einen „Welpenschutz", wenigstens bis zu ihrer Volljährigkeit. Dann müssen sie sowieso ihr Tun und Handeln selbst verantworten, haben in den meisten Fällen bis dahin aber gelernt, mit ihrer Sonderstellung als angehende Jungprofis im Licht der Öffentlichkeit umzugehen. Ich fürchte allerdings, das wird Wunschdenken bleiben, denn der Einsatz von Talenten in Profiligen geschieht immer früher. Inzwischen liegt die Altersuntergrenze bei 16(!) Jahren.

„Die meisten Talente brauchen noch einen ‚Welpenschutz', wenigstens bis zu ihrer Volljährigkeit."

6 Der DFB klopft an

Der deutsche Fußball lebt von seinen Bundesliga- und Amateurvereinen. Dort schlägt sein Herz. Das Aushängeschild ist aber die deutsche Nationalmannschaft. Jedes fußballbegeisterte Kind träumt davon, einmal mit einem Trikot mit dem Bundesadler auf der Brust auf ein Spielfeld aufzulaufen, oder wenigstens von den Helden in Weiß-Schwarz ein Autogramm zu ergattern, ihnen einmal nahe zu sein. Und bei der Nationalhymne, die neben dem DFB-Pokalfinale nur bei Länderspielen ertönt, läuft sogar dem hartgesottensten Fußballfan immer wieder ein Schauer über den Rücken.

Das Talentsichtungs- und Fördersystem des deutschen Fußballs ist darauf ausgelegt, die besten Spieler bis in die Spitze der Pyramide zu befördern. Das geschieht über jährlich stattfindende Lehrgänge und Sichtungsturniere der 21 Landesverbände ab dem U14-Jahrgang. Viele Verbandsspieler spielen dann bereits in einem Nachwuchsleistungszentrum. Hin und wieder gibt es aber auch hochbegabte Talente, die noch bei ihrem Heimatverein auf hohem Amateurniveau spielen und es bis in die Landesauswahl und zur DFB-Sichtung schaffen. Respekt vor diesen Leistungen. Andere werden von den Juniorenbundestrainern über die Bundesligen U17 und U19 gesichtet. Diese Spielklassen stehen heute unter dauerhafter Beobachtung und medialer Präsenz. Tatsächlich betritt man im Fall der Nominierung für Lehrgänge eines Juniorenteams des DFB einen weiteren Mikrokosmos, und vieles ist noch beeindruckender, als man es schon bei einem Profiverein erlebt.

Durch Südbadens demografische Sondersituation im Profifußball waren Constantin und die meisten Mannschaftskollegen des 98er-Jahrgangs Teil der Truppe, die im Juli 2012 zum Sichtungsturnier (das früher die Bezeichnung „Länderpokal“ trug) an die Sportschule Kaiserau bei Kamen fuhr. Die Jungs kannten sich inzwischen gut, spielten ja bereits seit zwei Jahren zusammen, und hatten sich daran gewöhnt, Repräsentanten eines Proficlubs zu sein. So war das Aufeinandertreffen mit anderem Bundesliganachwuchs in den Landesauswahlmannschaften aus ganz Deutschland nichts, das Respekt einflößte.

Ein solches Turnier verläuft über vier Spieltage plus eines Ruhetags zur Halbzeit. Gespielt wird im sogenannten „Hammes-Modell“. Dabei richten sich die Spielpaarungen des jeweils nächsten Tags immer nach der aktuellen Tabellensituation. Das Ziel dabei: Es sollen möglichst immer gleichstarke Mannschaften gegeneinander spielen. Letztendlich möchten die Verantwortlichen die Toptalente für weitere Maßnahmen herausfiltern, um über weitere Lehrgänge schließlich die jüngste aller DFB-Mannschaften zu nominieren. Deshalb war der damalige U15-Bundestrainer Frank Engel nicht nur Zaungast, sondern mit seinem Team Gestalter und aktiver Beobachter der vier Spieltage. Er nährte dann auch die Hoffnungen jedes einzelnen Spielers auf den unüberschaubar vielen Plätzen der Sportanlage: nur *eine* gute Aktion, die dem Bundestrainer auffällt, damit er ihn im Auge behält. Aus Sicht eines Torhüters ist das natürlich leichter gesagt als getan. Noch dazu, wenn der Verbandstrainer von Südbaden beiden Torhütern gerechterweise gleich viele Spielanteile einräumte, für jeden also genau zwei Spieltage blieben. Für unsere Auswahl lief das Turnier überraschend gut und endete mit einem hervorragenden dritten Platz. Unser Sohn machte ordentliche Spiele, hatte aber zu wenig Arbeit, um aufzufallen. Und eine separate Torwartsichtung gab es zum damaligen Zeitpunkt noch nicht. Zwei Jahre später sollte sich das ändern. So war es schließlich Constantins Mannschaftskollege Tim, der eine Einladung von Bundestrainer Frank Engel erhielt. Später wurde der schnelle Offensivspieler Teil der U15-Nationalmannschaft, worüber sich Trainer, Spieler und wir SC-Eltern für ihn sehr freuten. Er war schließlich unser allererster Nationalspieler!

6.1 Das erste Länderspiel

Ein Jahr später sollte es dann für Constantin besser laufen. 2013 fand die Sichtung an Deutschlands größter Sportschule Wedau bei Duisburg statt. Dieses Mal ging es folgerichtig um das Sichtungsturnier für weitere U16-Maßnahmen des DFB. Und der Bundestrainer hieß jetzt Stefan Böger. Für unsere südbadische Auswahl reichte es dieses Mal nur zu einem Mittelfeldplatz, für den „alten Hasen" Tim sowie zusätzlich die beiden Neulinge Jonas und Constantin dennoch zu einer Einladung des DFB. Mitte August versammelte Stefan Böger eine zu diesem Zeitpunkt noch größere Anzahl von Perspektivspielern an verschiedenen Standorten zu weiteren Sichtungsmaßnahmen. Im Fall unserer drei Freiburger war es die württembergische Landessportschule Ruit in der Nähe von Stuttgart. Und weil es nur eine gute Stunde Autofahrt von zu Hause entfernt liegt, statteten Susanne und ich unserem Sohn an einem Tag einen kleinen Besuch ab, wollten aber auch Mäuschen spielen, um ganz ehrlich zu sein. An diesem Tag gab es ein Trainingsspiel gegen ein deutlich älteres Juniorenteam des SSV Ulm 1846. Als wir ankamen, waren die Teams schon beim Warmlaufen. Die beiden Torhüter stimmte Klaus Thomforde auf das bevorstehende Testspiel ein. Er war zu dieser Zeit DFB-Torwarttrainer der U16 und betreut inzwischen die Keeper der U21-Nationalmannschaft. Dann ging es los. Was mir nicht in Erinnerung blieb, ist der Ausgang des Spiels. Ich glaube, die Ulmer behielten am Ende die Oberhand. Aber eine Reihe schöner Fotos dieses Tages halten vor allem ein Bild ganz besonders immer wieder in meiner Erinnerung: Constantin zum ersten Mal im Trikot mit dem Bundesadler auf der Brust! Und auch wenn es noch kein Länderspiel war, so fühlte es sich doch schon ein kleines bisschen so an.

Im Anschluss an Ruit ging es im Eiltempo weiter, und so sollte das erste Highlight beim DFB für Constantin nicht mehr lange auf sich warten lassen. Nach weiteren Sichtungsrunden stand bei Stefan Böger die erste Länderspielmaßnahme auf dem Programm. Der DFB legt diese grundsätzlich immer in die Länderspielwochen des A-Teams, damals wie heute. So erreichte mich als gesetzlichen Vertreter am 1. November 2013 die folgende E-Mail des damaligen DFB-Teamkoordinators der U16: *„Lieber Spieler, in der Zeit vom 9. bis 15. 11. 2013 finden zwei Länderspiele statt. Diese werden am 12. 11. um 18.00 Uhr in Bad Pyrmont und am 14. 11. um 18.00 Uhr in Rödinghausen ausgetragen. DFB-Trainer Stefan Böger hat dich für diese Länderspielreise nominiert…*!" Im Anhang die Kader- und Abrufliste, ein umfassender Ablaufplan sowie der Schulbogen. Die E-Mail endete freundlich mit der Bitte um Antwort. Das war schon ein unglaublicher Moment, für unsere Familie, aber vor allem für unseren Sohn.

„DFB-Trainer Stefan Böger hat dich für diese Länderspielreise nominiert …"

Ich will Ihnen jetzt einmal kurz schildern, was dann folgt und wie organisiert und perfekt durchstrukturiert der DFB arbeitet. Es war damals noch echtes Neuland für mich. Ein nominierter Spieler erhält die Listen des Kaders und Funktionsteams. Dazu folgen genaue Informationen darüber, wann und wo Treffpunkt des Teams ist sowie ein Ablaufplan aller Lehrgangstage. Der Teamkoordinator muss wissen, wann man von wo aus anreist und wohin die Rückfahrt führen soll. Ab da übernimmt das Reisebüro des DFB und sendet wenige Tage später alle Infos zu Zug oder Flug. Bei Constantin war es in aller Regel ein sogenanntes Bahntix-Ticket, womit er seine Fahrkarte einfach an einem Automaten der Deutschen Bundesbahn ausdrucken konnte. Dann brauchen die teilnehmenden Pädagogen des DFB Informationen über den laufenden Schulstoff und über Kontaktpersonen in der Schule. Es sind nämlich bei Maßnahmen immer zwei Lehrer dabei, die während der Abwesenheit in den Hauptfächern und Sprachen weiter unterrichten. Auch Prüfungen oder Klausuren werden geschrieben. Eine Freistellung für DFB-Maßnahmen ist mit der Schulleitung abzuklären, wird von der Bildungseinrichtung aber in der Regel befürwortet. Die Schule wird von Elternseite aber rechtzeitig informiert. Während der Maßnahme erhalten die Spieler durch den DFB bzw. seinen Ausstatter eine komplette Ausrüstung mit Kleidung, Schuhen und für die Keeper ausreichend Torwarthandschuhen, sowohl für Training, Spiel und auch für die Freizeit. Ab einem gewissen Zeitpunkt erhält ein Nationalspieler zu jeder neuen Saison dann auch seine eigene Ausstattung im aktuellen Design. Das ist eine große Sporttasche, gefüllt mit Freizeitkleidung des DFB, die für zwei Wochen Urlaub reichen würde. Er behält diese, ist dann für ihre Vollständigkeit verantwortlich und bringt sie zu jeder weiteren Maßnahme mit. Fürs Formelle braucht es noch Dokumente wie Ausweis, Versicherungskarten und Impfbescheinigungen, die dem Teamarzt vorliegen müssen. Alles in allem ist bei jedem U-Team ein Stab an Personen nebst Delegationsleitung mit im Schlepptau, der manchmal größer ist als der nominierte Kader selbst. So ist tatsächlich für nahezu alles gesorgt – nahezu, denn „Nobody is perfect".

Dann war unser Sohn unterwegs zu seinem ersten Länderspiel. Niemand weiß, wie dieser Weg über die Jahre verläuft oder ob alles abrupt endet. Darum gab es überhaupt keine Diskussion für Susanne und mich, dabei zu sein. Wir hätten gerne auch Emma, Maximilian, Omi und viele weitere liebe Menschen mitgenommen oder eingeladen. Leider liegen beide Spielorte ca. 500 Kilometer von unserem Zuhause entfernt. So traten nur wir beide die Reise an, zu einem unvergesslichen Abendspiel am 12. November 2013 in Bad Pyrmont. Kurz zuvor hatten wir erfahren, dass Constantin dieses Spiel gegen das Team aus Zypern bekommen sollte.

Vielleicht haben Sie schon einmal ein Juniorenländerspiel gesehen, live, im Fernsehen, im Internet per Livestream oder als Video. Ein

Stadion wird dafür regelrecht auf den Kopf gestellt. In Bad Pyrmont organisierten die Veranstalter sogar Zusatzflutlichtmasten, da es sonst den Verbandsstatuten gemäß nicht entsprechend hell gewesen wäre. Ich ziehe wirklich meinen Hut vor jedem Verein, der ein solches Spektakel ausrichtet, das neben Ruhm und Ehre vor allem eines bedeutet: sehr viel Arbeit. Es ist aber ein besonderes und meist auch einmaliges Ereignis für einen Amateurverein, das den enormen Aufwand Wert ist, weil man noch Jahre darüber spricht.

Wir kamen an, kurz darauf traf die Mannschaft ein. Im schwarzen DFB-Bus mit getönten Scheiben. Constantin sahen wir nur einen Augenblick, ehe er in den Katakomben des Stadions verschwand. Kurz darauf betraten zuerst die beiden Torhüter das Feld. Dabei war ein neuer Torwarttrainer, Christian Vander hatte von Klaus Thomforde übernommen. Er sollte die nächste Zeit Constantins engster Ansprechpartner beim DFB bleiben und wechselte dann später zu Werder Bremen, verantwortlich für die Profitorhüter. Und kurz vor 18 Uhr, als das Stadion mit über 3.000 Besuchern bis zum Bersten gefüllt war, startete das Protokoll. Es ist immer das gleiche Ritual. Einlaufen der Ballkinder zu Musik, Benennung der beiden Aufstellungen, Einmarsch der Nationalmannschaften, ja und dann, dann blieb für Susanne und mich die Zeit für unendlich lange zwei Minuten einfach stehen. Wenn die deutsche Nationalhymne ertönt und da unten steht dein Kind auf dem Spielfeld, um für sein Land zu spielen, dann möchtest du vor Stolz und Glück zerspringen und diesen Moment, dieses Gefühl am liebsten einfrieren. Nicht nur ein Schauer lief mir dabei über den Rücken, sondern auch Tränen des Glücks über die Wangen. Und Susanne ging es genauso. Du denkst dann auch an die vielen, vielen kleinen Jungs und Mädchen, die dem runden Leder hinterherjagen,

„Wenn die deutsche Nationalhymne ertönt und da unten steht dein Kind auf dem Spielfeld, um für sein Land zu spielen, dann möchtest Du vor Stolz und Glück zerspringen.“

jeden Tag, und die sich alle wünschen, einmal in ihrem Leben das Nationaltrikot tragen zu dürfen. Dir ist klar, dass es möglich ist, aber ganz am Ende nur einer Handvoll Kindern vergönnt sein wird. Dann wirst du dankbar dafür, dass dein Kind seinen Traum leben darf, dankbar und auch demütig. Constantin schrieben wir vor dem Lehrgang noch einen Brief, er solle sich den Moment der Nationalhymne in sein Gedächtnis einbrennen und dafür einfach nur hören, die Augen schließen. Er tat es, wie ich beobachten konnte. Und was in ihm dabei vorging, das soll sein Geheimnis bleiben. Am Ende gewann zwar Zypern etwas überraschend mit 0:1. Dem besonderen Moment tat dies aber keinen Abbruch. Dann hatten wir nur kurz Gelegenheit, uns von Constantin zu verabschieden, was beim DFB aber zur Ablaufplanung dazugehört, wie wir noch lernen sollten.

„Dann wirst Du dankbar dafür, dass Dein Kind seinen Traum leben darf, dankbar und auch demütig."

Erst noch warm schießen mit DFB-Torwarttrainer Klaus Thomforde. Dann das erste Mal im Nationaltrikot – wenn auch zunächst bei einem U16-Lehrgang 2013. Constantin und der schon erfahrenere Tim an der Sportschule in Ruit.

Wenige Monate nach Ruit folgte die Premiere. In Bad Pyrmont startete Constantins Weg als Juniorennationalspieler. Kurze Zeit später kreuzten sich dann die Wege mit unserem Berater Jörg Neblung.

6.2 Unser Berater – ein echter Glücksfall

Sobald ein Talent in den Dunstkreis einer U-Nationalmannschaft gerät oder später auch in der Junioren-Bundesliga spielt, ereignen sich sonderbare Dinge. Menschen melden sich bei dir und sogar direkt bei deinem Kind, die für den angehenden Profi jetzt nur das Beste wollen und ihn dafür ab sofort auf seinem weiteren Weg begleiten und beraten möchten. Sie kennen den Spieler scheinbar in- und auswendig, wissen genau, wohin die Reise zu gehen hat, was das Beste sei. Weder du noch dein Sohn haben aber all die Namen der Anrufer oder auf den ausgehändigten Visitenkarten bisher ein einziges Mal gehört oder gelesen. Und es melden sich auf einmal andere Vereine oder deren Scouts. Sie werben, laden ein, doch einmal die Gegebenheiten bei ihnen vor Ort anzuschauen, signalisieren teilweise sogar schon finanzielles Entgegenkommen. Was sich jetzt öffnet, ist das Kapitel „Berater und Scouts". Vor allem Berater sind ein sehr heikles Thema, bei dem uns der Zufall abermals zur Seite stand. Man kann nämlich auch an den Falschen geraten, weil es für diesen Markt keinerlei Zugangsbeschränkungen gibt.

2013, noch ehe Constantins Weg beim DFB begann, arbeitete ich im Marketing für ein Unternehmen, das seine Europazentrale in Aachen hat. Darum war ich von Zeit zu Zeit dort. Da es von Aachen ein Katzensprung nach Duisburg-Wedau ist, nutzte ich die Gelegenheit und fuhr zum Sichtungsturnier des DFB, bei dem unsere südbadische Auswahl mitspielte. Es interessierte mich, wenigstens einmal in Duisburg gewesen zu sein, wenn auch nur als Zuschauer. Als Jugendspieler stand ich ein einziges Mal kurz davor, selbst als einer der Protagonisten mit der südbadischen Auswahl zum damaligen Länderpokal zu fahren. Das Schicksal wollte es aber anders.

Es ist schon ein interessantes Treiben dort rund um die Plätze, auf denen sich die Stars von morgen tummeln. Das Schwierige daran: Keiner kann schon sagen, welche von den Hunderten Talenten es wohl sein werden. Darum stehen unzählige Experten mit Stift, Notizblock und den Aufstellungen aller Verbandsmannschaften bewaffnet an den Spielfeldrändern, um möglichst keine Finte, keinen Torabschluss, kein Dribbling und keine Parade zu versäumen. Es sind Scouts der Profivereine, es sind seriöse Berater und Vertreter von Spieleragenturen und es sind viele „freischaffende Künstler", wie ich sie einmal nennen möchte. Man erkennt bald, wer von den Anwesenden zu welcher Gruppe gehört, und man merkt, viele sind gut miteinander vernetzt. Das machte mich neugierig. Ich wollte einmal selbst wissen, was denn ein Berater für einen Spieler wirklich leisten kann, ob man dessen Unterstützung überhaupt benötigt, oder ob ich als schlauer Papa im Fall der Fälle die Dinge vielleicht auch selbst in die Hand nehmen kann – obwohl ich vom Geschäft Fußball natürlich nicht die leiseste Ahnung hatte.

„Ich wollte einmal selbst wissen, was denn ein Berater für einen Spieler wirklich leisten kann, ob man dessen Unterstützung überhaupt benötigt, oder ob ich als schlauer Papa im Fall der Fälle die Dinge vielleicht auch selbst in die Hand nehmen kann – obwohl ich vom Geschäft Fußball natürlich nicht die leiseste Ahnung hatte."

Es gibt nun nahe dem Sportgelände Wedau nur wenig Gastronomie – bis auf ein Asia Restaurant fußläufige fünf Minuten entfernt. Dort schlenderte ich zur Mittagszeit hin. Meine Vermutung bestätigte sich: Einige der Gesichter an den Tischen rund um mich herum erkannte ich wieder. Es waren die Männer mit Bleistift, darunter auch ein aus den 1980er und 1990er Jahren altbekannter Spieler. Souleymane Sané, Ex-Profi unter anderem bei Freiburg, Nürnberg, Wattenscheid 09 und Vater seines heute sehr erfolgreichen Sohns

Leroy, saß zusammen mit anderen Experten nur drei Tische weiter. Sie unterhielten sich lautstark. Dann entdeckte ich einen jungen Mann, der ganz alleine an einem Tisch saß und zu Mittag aß. Ich bin manchmal ein sehr direkter Mensch, sagt meine Frau, also ging ich zu ihm hin, stellte mich vor und fragte, ob ich mich kurz setzen dürfe. Er war sehr höflich und stellte sich vor als Daniel Valdivieso. Wir kamen ins Gespräch, und ich erfuhr, dass er tatsächlich für eine Kölner Beratungsagentur arbeite, heute und morgen noch in Duisburg sei, um wie jedes Jahr Ausschau nach interessanten Spielern zu halten. Er gab mir auf all meine Fragen sehr interessante Auskünfte, sodass ich einen durchaus vertrauensvollen ersten Einblick in die Arbeit eines Beraters bekam. Dann verabschiedeten wir uns. Er fragte noch, wo denn mein Sohn am Nachmittag spiele, er würde vielleicht einmal vorbeischauen, wenn es ihm reiche. Möglicherweise sehe man sich ja auch noch einmal. Und so war es dann auch. Nach dem letzten Turnierspiel traf ich ihn noch vor meiner Abreise. Er sagte mir, dass er zwar nicht selbst, dafür aber ein ihm bekannter Scout von RB Salzburg Constantin beobachtet habe. Er meine, der Junge habe durchaus Potenzial, ich solle ihn auf jeden Fall weiter fördern. Dann verabschiedeten wir uns, und mit seiner Visitenkarte in Händen fuhr ich wieder zurück in die badische Heimat.

„neblung sportsnetwork", so die Firmierung auf der Visitenkarte. Das Internet machte mich etwas schlauer. Timo Hildebrandt war damals der prominenteste aktive Fußballprofi der Agentur, ihr Inhaber ein gewisser Jörg Neblung. Es folgte eine Reihe mit auffällig vielen Torhütern, die zu seinen Klienten zählten und noch zählen. Jörg Butt, Stefan Wessels, Robin Himmelmann, Stefan Ortega und auch andere Spitzensportler wie die Leichtathletin Heike Drechsler, Steffi Nerius oder der Turner Marcel Nguyen tauchten damals auf. Ein kurzes Zusammenzucken dann bei einem anderen großen Namen: Robert Enke! Er war Jörg Neblungs Klient gewesen, aber auch ein enger Freund. Und er hatte alles hautnah miterlebt, was vor Enkes Suizid 2009 geschah, was danach über Medien der

Öffentlichkeit preisgegeben wurde und sicher noch vieles mehr. Ich nahm es zur Kenntnis, war berührt, aber kannte beide ja nicht. Nur eines war mir sofort klar: Nach so einer Tragödie schmeißt du hin oder überlebst und gehst vielleicht sogar gestärkt daraus hervor. So schien Jörg Neblung ein Mensch zu sein, der sich mit Torhütern bestens auskennen musste. Dann vergingen Monate.

Ich weiß nicht mehr, wann genau, aber im Frühjahr 2014 kam der Anruf: „Neblung am Apparat, hallo, Herr Frommann!" Kurze Zeit später trafen wir uns zu einem ersten unverbindlichen Gespräch bei uns zu Hause, und Susanne und ich lernten Jörg Neblung kennen, ebenso Constantin. Wahrscheinlich war es vor allem unser elterlicher Instinkt und sicher auch eine gehörige Portion Empathie auf beiden Seiten, aber nach kurzer Zeit waren wir uns sicher, dieser Mann scheint es ernst und vor allem ehrlich zu meinen. Dazu hat er außerdem viel Erfahrung bei der Begleitung von Torhütern, was in der Beraterbranche ein Alleinstellungsmerkmal ist. Nur wenige Wochen vergingen. Dann waren wir uns einig, dass man es miteinander probieren werde. Dafür genügte ein Handschlag, es brauchte kein kompliziertes Vertragswerk oder andere verpflichtende Vereinbarungen. Es startete so etwas wie eine Probezeit für beide Seiten, was ich allen Eltern empfehlen möchte, die mit dem Gedanken spielen, professionelle Beratungsleistungen einzubeziehen, oder die von Dritten angesprochen werden.

„Es startete so etwas wie eine Probezeit für beide Seiten, was ich allen Eltern empfehlen möchte, die mit dem Gedanken spielen, professionelle Beratungsleistungen einzubeziehen."

Jörg Neblung übernahm die bald anstehenden Vertragsgespräche mit dem SC Freiburg, kümmerte sich auch um andere Vereinbarungen, blockte dort ab, wo jetzt unpassende Anfragen eingingen, war aber auch so hervorragend vernetzt, dass es sich für Constantins weitere Entwicklung als sehr nützlich erwies. Vor allem eines aber bestätigte in der Folgezeit unsere intuitive Entscheidung nach dem ersten Beschnuppern. Jörg Neblung hätte mehrfach Gelegenheit gehabt, Constantin zu scheinbar größeren Clubs zu transferieren (natürlich nicht ohne unsere Einwilligung). Neben verschiedenen Bundesligisten war vor allem ein ostdeutscher Profiverein aufmerksam geworden und ein Kandidat, der nach der U17-Europameisterschaft 2015 mit allen Mitteln versuchte, unseren Sohn zu verpflichten. Jörgs besonnenes Handeln, der ständige Kontakt mit uns und Constantin und die Vernunft, zu diesem Zeitpunkt keinen besseren ortsnahen Verein als Freiburg für Constantins sportliche und auch schulische Ausbildung zu wissen, waren ausschlaggebend dafür, alle Angebote erst einmal ruhen zu lassen. Am 21. Dezember 2015 unterzeichnete Constantin dann den ersten Profivertrag seines Lebens, den unser Berater mit dem SC Freiburg ausgehandelt hatte. Und ich war froh, weiterhin nur Vater sein zu können, nicht gleichzeitig auch Manager sein zu müssen. An diesem Tag verlängerte Constantin auch die Zusammenarbeit mit der Agentur neblung sportsnetwork auf „symbolische" Weise, indem er seinem Berater ein FIFA-Trikot von der U17-WM in Chile mit seiner Widmung schenkte. Der war sichtlich gerührt und sagte, das werde zukünftig in seiner Agentur bei den Trikots hängen, die seine Zukunft bedeuten sollten, er wolle also zusammen mit Constantin und seinen anderen hoffnungsvollen Talenten nach vorne blicken. Und am 8. Januar 2016 meldete der SC dann auf seiner Internetseite zusammen mit einem anderen Spieler den langfristigen Vertrag für Constantin und schrieb dazu: „… zwei Jungs, die in die Philosophie des SC Freiburg passen, mit denen man den Weg gehen möchte und die behutsam an die Profiabteilung herangeführt werden sollen".

Seit damals sind wir mit Jörg beim „Du" angekommen. Und ich will noch nicht sagen, dass wir Freunde geworden sind, schließlich geht es ja ums Geschäft, wir daher immer wieder unterschiedlicher Auffassung über nächste Schritte sind. Aber irgendwie beginnt es langsam, sich wie mehr als nur eine geschäftliche Beziehung anzufühlen. Ich glaube daran, dass die Zusammenarbeit mit einem Berater, wenn sie denn aus Sicht der Eltern und des Spielers irgendwann zum Tragen kommt, auf langfristigem beiderseitigem Vertrauen und nicht auf dem schnellen Transfererlös aufgebaut sein muss. Vielleicht ist das für manch einen nicht kaufmännisch gedacht, dafür aber ethisch einwandfrei gehandelt und im Sinne des Menschen, der in jedem Fußballer steckt. Leider gibt es für Eltern und Spieler bislang keine Chance, eine seriöse Vorauswahl unter der Vielzahl von Beratungsangeboten zu treffen, da der Status „Berater" nicht geschützt ist und keine besonderen Qualifikationen erfordert. Diese Zugangshürde wurde von der FIFA vor Jahren abgeschafft – leider. Wir hatten einfach Glück.

„Ich glaube daran, dass die Zusammenarbeit mit einem Berater, wenn sie denn aus Sicht der Eltern und des Spielers irgendwann zum Tragen kommt, auf langfristigem, beiderseitigem Vertrauen und nicht auf dem schnellen Transfererlös aufgebaut sein muss."

7 Ein unglaubliches Jahr 2015

Es gibt Abschnitte im Leben, in denen scheint einfach alles zu klappen. In Constantins noch jungem Leben war es das Jahr 2015. Und bei allem Wunderbaren und Schönen war es in so kurzer Zeit fast zu viel des Guten. Denn danach standen ihm und auch uns eine lange und harte Bewährungsprobe bevor. Aber der Reihe nach.

In Freiburg hatte sich Constantin in der U16 und dann auch in der B-Junioren-Bundesliga seinen Stammplatz als Nr. 1 erobert. Für jeden Torwart ist das sehr wichtig, so auch für unseren Sohn. Denn aus Sicht eines Torhüters geht es nicht um Spielminuten durch Einwechslungen wie bei einem Feldspieler. Entweder du spielst, oder du sitzt ein Spiel auf der Bank. Die Nr. 1 ist zwar keine Garantie auf Dauer, aber zeigt schon einmal, wer die Nase vorne hat. Das hört sich einfach an, bedarf aber für alle Torhüter eines Kaders, die im Wettbewerb untereinander stehen, eines unglaublichen Durchhaltevermögens und intrinsischer Motivation, vermutlich mehr als für jede andere Position. Tatsächlich sind nur sehr wenige Menschen für das Torwartspiel auf höchstem Niveau prädestiniert. Constantin besitzt die notwendigen Fähigkeiten und Charaktereigenschaften, die ihn darüber hinaus zu einem Führungsspieler machen. Das sind nicht meine Worte, sondern die seiner Trainer, die ihn in dieser Zeit in den Spielerrat der SC-Mannschaften beriefen und zum Ersatzkapitän machten. Wie schon erwähnt, war er außerdem im Internat zum Sprecher seines Jahrgangs ernannt worden. Zugegeben, er hat auch ein schlagfertiges und auf dem Spielfeld lautes Mundwerk, aber man kann sich immer und überall auf ihn verlassen. Und vor Verantwortung schreckt er nicht zurück.

In dieser Zeit hatte er sich aber auch torwarttechnisch enorm weiterentwickelt. Das sagten mir Fachleute wie Jörg oder seine Freiburger Torwarttrainer. Beim DFB ging die Reise ebenfalls weiter.

Constantin durchlief die U16 des neuen Bundestrainers Christian Wück und wurde nach diversen Sichtungsmaßnahmen anschließend in dessen U17-Kader berufen, dem 2015 die Qualifikationen für eine Junioren-EM in Bulgarien und eine Junioren-WM in Chile bevorstanden. Bevor aber im März 2015 die Eliterunde in Wetzlar und Marburg begann, bestritt die Mannschaft noch ein jährlich stattfindendes Vergleichsturnier in Portugal, den Algarve-Cup. Man gewann alle Spiele gegen Portugal, England und die Niederlande ohne Gegentor. Dabei teilte Constantin sich die Spiele mit Markus Schubert. Beide hielten ihren Kasten sauber. Und am letzten Abend des Turniers berief Christian Wück unseren Sohn in den Spielerrat für die bevorstehenden Aufgaben. Eine große Ehre für ihn, wie er später meinte.
Im März spielte die U17 dann die Eliterunde in Hessen. Drei Spiele gegen die Slowakei, Ukraine und Italien wurden ausgetragen. Am Ende schafften Italien und Deutschland die Qualifikation zur U17-Europameisterschaft in Bulgarien. Grenzenloser Jubel, unendliche Freunde, bei der Mannschaft, aber auch bei uns, die wir als großer Familientross zugegen waren. Während dann aber für Constantin die Vorbereitung auf dieses große Turnier organisiert wurde, lautete für uns die Frage: Was tun? Alles bisher Bekannte war irgendwie zu stemmen gewesen, jetzt ging es um zwei Wochen Turnier in Bulgarien, das wir um nichts in der Welt versäumen wollten. Aber konnten wir es uns auch leisten?

7.1 Eltern unter sich

Mein erster Gedanke ging in Richtung des DFB. Der mit über 7.100.000 Mitgliedern[4] größte Sportverband der Welt und vermutlich auch einer der wohlhabendsten wird doch für solch außergewöhnliche Ereignisse sicher auch an die Eltern seiner Spieler denken und Möglichkeiten zur Organisation und Durchführung einer

---

[4] https://www.dfb.de/verbandsstruktur/mitglieder/

Begleitreise vorhalten, vielleicht sogar einen Zuschuss an Eltern geben, die es sich finanziell einfach nicht leisten konnten, dachte ich. Außerdem würde ein eigener U17-Fanclub die Mannschaft ja beflügeln, und zumindest Vergleichbares geschieht ja auch für Mitglieder des offiziellen DFB-Fanclubs bei Ereignissen der A-Nationalmannschaft, inzwischen sogar bereits bei der U21. Nun, nach den ersten Juniorenländerspielen hätte ich es eigentlich besser wissen müssen. Fakt ist: dass der Deutsche Fußballbund ein eigener abgeschlossener Sportmikrokosmos. Wenn ein Kind oder Jugendlicher diesen betritt, dann übernimmt der DFB, so wie es auch in Proficlubs der Fall ist. Wer sein Kind dann begleitet, macht dies aus freien Stücken, egal wohin, egal was es kostet. So sind Fahrten zu Länderspielen reine Privatsache. Vor Ort ist es nur sehr schwer möglich, sein Kind länger als fünf Minuten direkt nach einem Länderspiel oder kurz vor Abfahrt zurück ins Teamhotel zu sehen und zu sprechen. Es gibt auch kaum Kontakte zwischen dem Trainer-/Funktionsteam und den Eltern. Einziges Entgegenkommen: freie Eintrittskarten zu Länderspielen der eigenen Mannschaft. So war es jedenfalls zu unserer Zeit.

> **„Wer sein Kind begleitet, macht dies aus freien Stücken, egal wohin, egal was es kostet. So sind Fahrten zu Länderspielen reine Privatsache."**

Ich lernte aber einen Mann kennen, der sich zu seiner Zeit beim DFB dieser Dinge annahm. Der ehemalige Sportdirektor und heutige Cheftrainer von Bayern München, Hansi Flick. Wir trafen uns erstmals bei der U17-WM in Chile, wohin tatsächlich eine Handvoll Eltern gereist waren, um die Mannschaft, um ihre Kinder zu unterstützen. Alle auf eigene Kappe. Hansi Flick besuchte Susanne und mich einige Wochen nach der WM bei uns zu Hause und hörte sich in aller Ruhe an, welche Erlebnisse Eltern bei ihren Vereinen und beim DFB machen, die ein Fußballtalent haben. Wir redeten auch über mögliche Optimierungspotenziale. Er nahm es nicht nur auf, sondern auch ernst. Denn einige Zeit später meldete sich seine damalige Assistentin und meinte, Hansi Flick würde uns gerne zu einem Gespräch einladen, zusammen mit den Eltern von Sami Khedira, die selbst sehr viel Erfahrung als Eltern zweier gestandener Profifußballer gesammelt haben, und mit Medienvertretern des DFB. Falls möglich sollen wir doch am 29. März 2016 nach München kommen, als Deutschland gegen Italien spielte. Für alles andere würde gesorgt werden.

Das war ein spannender Vorschlag, den Susanne und ich gerne annahmen. Tatsächlich trafen wir dann Hansi Flick, Frau und Herrn Khedira, DFB-Pressesprecher Jens Grittner und zwei Medienvertreter im Münchner Mannschaftshotel des DFB. Das Interviewgespräch dauerte zwei Stunden, zu dem sich zeitweise auch Sami Khedira gesellte, als er hörte, worüber wir sprachen, um eifrig mit zu diskutieren. Am Ende gingen wir auseinander mit dem Willen, sich wieder zu melden, wenn alles gesichtet, bedacht und wenn weitere Aktivitäten, vielleicht auch Veröffentlichungen, folgen würden. Mit Hansi Flicks Rücktritt als DFB-Sportdirektor Anfang 2017 endete dieser Anlauf allerdings, die Eltern von Juniorennationalspielern aktiver in die Verbandsarbeit einzubeziehen und in einem zweiten Schritt in die Vereine hineinzutragen. Wie mir von fachkundiger Seite versichert wurde, ist inzwischen aber wieder Bewegung in dieses Thema gekommen, was vor allem die Elternarbeit an der Basis und in den Nachwuchsleistungszentren anbelangt.

Wir trafen uns bis zu seinem Engagement als Co- und kurze Zeit später Cheftrainer beim FC Bayern München aber immer wieder, da Hansi Flick die Idee und Chance einer aktiven Kooperation mit Spielereltern weiter positiv gegenüberstand. Er gehört zu den Menschen, die nicht auf Status, sondern auf die Dinge hinter den Dingen achten. Das war und ist mein Eindruck, seit wir uns begegneten. Für einen Exprofi und heutigen Erfolgstrainer mit zahlreichen Erfolgen inklusive des Weltmeistertitels 2014 ist das alles andere als gewöhnlich. In seinem Leben hat der professionelle Fußball zweifelsohne eine hohe Bedeutung und ist wohl auch zu einer Zweitfamilie geworden. Schließlich verbringt man sehr viel Zeit miteinander, trägt Verantwortung. Aber der Eindruck nach unseren Gesprächen ist der, dass Hansi Flick seine Berufung nie über seine eigene Familie, Freunde oder auch Menschen außerhalb seiner Profession einstufen würde. Diese Grundeinstellung ermöglicht den unvoreingenommenen Blick über den in sich abgeschlossenen Mikrokosmos „Profifußball“ hinaus. Dann erkennt man diesen Makrokosmos namens „Alltag“. Der ist eng mit dem professionellen Fußball verzahnt, wird durch den Amateurfußball gelebt und durch die unzähligen Fans belebt. Und jeder Profifußballer ohne Engagement, am Ende seiner Karriere und auch jeder Arbeit suchende Trainer, Teammanager oder Funktionäre wird dort von Zeit zu Zeit hineingespült. In den ganz normalen Wahnsinn von über 83 Millionen Bundesbürgern. So macht es nur Sinn, die Verbindung zwischen diesen Welten niemals zu verlieren.

Was nun Bulgarien und die U17-Europameisterschaft anbelangt: Familie Frommann änderte kurzerhand die Urlaubsplanung und flog statt im Sommer nach Griechenland im Mai in zwei Etappen an die Schwarzmeerküste nach Bulgarien. Ich vorneweg, weil unsere Tochter ja noch Schule hatte. Susanne, Omi und Emma kamen dann eine Woche später hinterher. Nur Maximilian konnte wegen seiner Arbeit leider nicht dabei sein, fieberte aber von zu Hause aus mit. Und wir erlebten einmalige Tage, gekrönt von der Vize-Europameisterschaft 2015 der deutschen U17-Nationalmannschaft und der Berufung von Constantin durch das technische Komitee der UEFA in das „Team des Turniers“ als bester Torhüter.

Nach Chile reiste ich dann alleine, was unser Familienbudget aber sprengte und nur möglich wurde, weil meine Eltern mir die Reise bezuschussten. Wir sind keine Großverdiener, und zwei längere Auslandsreisen in einem Jahr wären einfach unmöglich gewesen. Aber ich bin froh, dass es klappte und auch sehr traurig für alle Spieler, deren Eltern aus ganz verschiedenen Gründen selbst nicht nach Bulgarien oder Chile reisen konnten. Ich weiß, sie alle hätten zu gerne ihr Kind unterstützt, in den größten sportlichen Momenten der Karriere, zu denen die ganze Familie über eine lange Zeit ihren Anteil mit beiträgt. Leider bleibt es den meisten aus terminlichen, vor allem aber aus finanziellen Gründen verwehrt, ist eben Privatsache.

„Ich weiß, sie alle hätten zu gerne ihr Kind unterstützt, in den größten sportlichen Momenten der Karriere, zu denen die ganze Familie über eine lange Zeit ihren Anteil mit beiträgt."

Die folgenden Aufzeichnungen sind mein Stenogramm der beiden Turniere. Wenn es Sie interessiert, dann nehme ich Sie jetzt gerne mit auf meine Reisen nach Bulgarien und nach Chile, als 2015 eine U17-Juniorennationalmannschaft um Bundestrainer Christian Wück und ihren Kapitän Felix Passlack ein phantastisches Jahr spielte.

7.2 EM-Tagebuch Bulgarien 2015

3. Mai

Constantin fährt zusammen mit seinem SC-Teamkollegen Jonas vom heimatlichen Bahnhof Offenburg nach Frankfurt zur Nationalmannschaft. Man trifft sich im Hotel Lindner beim DFB. Einen Tag später folgt dann die lange strapaziöse Anreise nach Bulgarien mit Flug über Wien nach Burgas an der Schwarzmeerküste. Es folgt die Ankunft im gigantisch großen Hotelkomplex Sunset Beach Ressort, wo alle teilnehmenden 16 Teams und der gesamte UEFA-Tross untergebracht sind.

6. Mai

Das erste Spiel unserer Mannschaft gegen Belgien – das in der 1. Halbzeit das bessere Team ist. Constantin braucht Anlaufzeit, macht im Spiel zwei Patzer – zum Glück ohne Folgen. Danach hält er aber auch stark. Am Ende siegt Deutschland 2:0 durch Tore von Felix Passlack und Niklas Schmidt. Zuhause bei uns gibt es Stadionwürstchen und Bier. Ein schöner Tag. Bei Übertragungsbeginn sitzen wir alle vor der Glotze und heulen. Unsere Freunde sind auch da. Das erste Mal ist unser Sohn im TV bei Eurosport zu sehen, live. Das ist neu. Dann auch der gute Kommentator Marco Hagemann, der über ihn und sogar über uns spricht. Wow. Was mich überrascht ist, dass er meine Wenigkeit schon in Bulgarien wähnt. Da bin ich allerdings noch zuhause. Aber kein Problem, es wird ja demnächst losgehen.

9. Mai

Zweites Spiel gegen Slowenien. Ein harter Brocken. Hier lässt Constantin erstmals erahnen, welche Fähigkeiten in ihm stecken. Unser Team tut sich schwer, schafft aber ein 1:0 durch Johannes Eggestein. Dann sein Auftritt in Minute 12. Aus kurzer Distanz hält er einen unmöglichen Ball reaktionsschnell – und damit die Mannschaft im Spiel. Das war für ihn der entscheidende Moment. Ab da ist er im Turnier angekommen. Das Spiel wird gewonnen, die 0 steht. Zuhause ist wieder Grillparty in familiärer Runde. Mitfiebern, durchschnaufen und freuen. Ich sitze schon auf gepackten Koffern, denn es geht morgen los.

10. Mai

Heute fliege ich eine Woche vor Susanne, Emma und Omi nach Burgas an die bulgarische Schwarzmeerküste. Die Bahn streikt, daher wird die Anreise zum Flughafen ein Fünfstundenmarathon. Alles funktioniert aber – nur ohne Schlaf. Um die Mittagszeit komme ich im für uns gebuchten Hotel Neptun Beach am Sonnenstrand an. Jetzt erst einmal auspacken und umschauen, dann eine Mütze voll Schlaf nehmen.

11. Mai

Im nahe gelegenen Ort Nessebar hat die Mannschaft ihr Trainingsquartier aufgeschlagen. Ich fahre am Nachmittag mit dem Taxi zum Training, um Constantin zu begrüßen und auch um etwas zu „spionieren". Das Training ist sehr eindrucksvoll und vermutlich der Vorbereitung auf ein großes Ziel auch angemessen. Neben dem Funktionsteam stehen vier Trainer auf dem Platz, plus Torwarttrainer. Alle sind freundlich, aber zurückhaltend. Es gibt keinen Kontakt – vorerst. Nach dem Training habe ich die kurze Gelegenheit für eine herzliche Umarmung mit Constantin, einen kurzen Smalltalk – dann ist er schon wieder weg. Das Taxi bringt mich zurück ins Hotel.

12. Mai

Dritter Spieltag gegen Tschechien. Das Spiel findet im Stadion der Stadt Stara Zagora statt. Das liegt etwa 200 Kilometer von Burgas entfernt, bedeutet für mich 2,5 Stunden Autofahrt. An diesem Tag kommt mein Mietwagen, pünktlich wie bestellt. Ich fahre los – ohne Navi – nur mit Karte, so wie früher. Alles geht gut. Am Stadion angekommen, kaufe ich das Ticket und gehe hinein. Constantin wärmt sich bereits auf, sieht mich beim Gang in die Kabine, grüßt wie immer kurz und verschwindet in den Stadionkatakomben. Ich rufe zuhause an – alle sind aufgeregt, denn noch ist die Qualifikation für das Viertelfinale nicht sicher.

Dann geht es los. Und zwar wie die Feuerwehr. Die Tschechen werden regelrecht auseinandergenommen. Rasch steht es 2:0. Felix Passlack und Erdinc Karakas sind die Torschützen. Dazwischen eine Glanztat. Mit einer Fußabwehr hält Constantin einen schwierigen Ball – die Null steht weiterhin. Kurz vor der Pause macht Passlack mit dem 3:0 dann alles klar. Das 4:0 in der zweiten Hälfte durch Görkem Saglam ist nur noch Kosmetik. Und die 0 steht weiter.

Am Abend des gleichen Spieltags scheidet der FC Bayern München gegen den FC Barcelona nach Rückspiel in München aus der Champions League aus. Ich schreibe Constantin per Smartphone: Spanien hat Deutschland rausgeworfen, dafür packt ihr die Spanier – denn gegen die wird es nun im Viertelfinale gehen.

14. Mai

Ich bin wieder in Nessebar, um beim Training zuzuschauen. Nun registriert man diesen einsamen Mann auf der Tribüne schon, ist freundlich und ein kurzes „Hallo" von Torwarttrainer Christian Fiedler gibt es auch. Dann ein Highlight. Auf der DFB-Internetseite wird erstmals ein Interview mit Constantin veröffentlicht. Seine Aussagen klingen schon sehr professionell. Auch die Acherner Heimat und die Familie kommen vor. Wir sind alle sehr gerührt und beeindruckt, wie unser Sohn bereits denkt.

Apropos denken. Ich sagte ihm einmal, er solle bei Interviews nicht immer „Ich denke, ich glaube, ...“ oder ähnliche Floskeln benutzen, was so viele Profis machen. Natürlich denken oder glauben sie. Das muss man aber nicht permanent wiederholen. Sein erstes Interview war diesbezüglich schon ganz ordentlich.

15. Mai

Heute ist Viertelfinalspieltag gegen Spanien. Eurosport hat wegen der Übertragung entschieden, nicht wie geplant in Burgas, sondern nochmals in Stara Zagora zu spielen. So ein Mist, wieder die lange Fahrerei. Auch für die Jungs. Wobei der DFB für die Mannschaft auch dieses Mal ein Tageshotel vor Ort hat. Die Anreise erfolgt also am Spieltag, die Rückreise einen Tag später. An diesem Tag beschäftigt sich übrigens das obligatorische „Vor dem Spiel gegen Spanien“-Video des DFB ausschließlich mit der Torwart-Arbeit von Christian Fiedler. Wow, nur über Constantin und seinen Kollegen Markus Schubert. Das Fazit: Am Ende muss die 0 stehen, dann war alles gute Arbeit!
Ab 15:30 Uhr beginnt dann wieder meine ewige Anreise mit dem Auto. Ich war lange nicht so aufgeregt wie vor diesem Spiel. Habe mir Arbeit mit in den Urlaub genommen – an diesem Tag gibt's aber keine Chance für einen klaren Gedanken. Warum? Nun, erstens natürlich wegen dem Spiel gegen sicher starke Spanier um den Halbfinaleinzug – zu dem Emma, Susanne und Omi ja

auch anreisen werden und wir auf Risiko die zweite Woche in Bulgarien buchten. Aber vor allem, weil dem Sieger die Qualifikation für die U17-Weltmeisterschaft in Chile winkt!
Vor dem Spiel treffe ich die bis dato noch nicht bekannte Eltern von Constantins Mannschaftskollegen Joel Abu Hanna und Mats Köhlert, nebst dessen Opa. Alle sind sehr nette Menschen. Leider gab es keine früheren Kontaktmöglichkeiten, obwohl unsere Kinder nun seit fast zwei Jahren zusammen spielen. Dann aber auf direktem Wege ins Stadion. Ich muss das Spiel alleine sehen. Constantin ist bereits beim Aufwärmen. Wieder der kurze Gruß – wir brauchen da nicht mehr – dann ab in die Kabine. Um 18:55 Uhr startet das Protokoll: Einlaufen der Mannschaften. Nationalhymnen, Wimpeltausch, Platzwahl – und los geht's. Die Aufregung wächst. Dann eine Aktion von Constantin, bei der allen der Magen krampft und ein Raunen durchs Stadion geht. Nach Rückpass von Daniel Nesseler hat er den Ball einen Tick zu weit vorgelegt, ein Stürmer spritzt dazwischen, er blockt noch ab, der Ball fällt aber einem anrennenden anderen Spanier vor die Füße, der schießt von halb rechts und – Constantin ist zurückgeeilt ins Tor, hält das Ding mit einem Arm, hat die Situation ausgebügelt. Was aber geht jetzt in ihm vor? Der Kerl hat mit 16 Jahren Nerven aus Drahtseilen. Denn kurze Zeit später drücken die Spanier immer mehr, kommen zu einer herausgespielten Schussposition halblinks im Strafraum. Guter Schuss ins lange

Eck und eine noch bessere Parade. Ab da ist er wieder zu 100 Prozent im Spiel. Es geht hin und her, mal mit Vorteilen für die extrem spielstarken Spanier, mal für die aufopferungsvoll arbeitenden Deutschen. Es fiel über die 90 Minuten aber kein Tor – und die 0 steht noch immer.
Was jetzt folgt, sollte sich für mich auf der Tribüne und die Familie daheim als regelrechten Gang durchs Fegefeuer anfühlen – Elfmeterschießen! Eine Situation, vor der mancher die Hosen gestrichen voll hat, aber Constantin fiebert darauf hin. Das ist sein Ding, sein Moment. Wie es für jeden guten Torwart wohl der Fall ist. Spanien beginnt, er ahnt die Ecke, kommt aber nur mit den Fingerspitzen dran. Der Ball ist drin. Für Deutschland schießt Gökhan Gül – und trifft. Jetzt wieder Spanien, die beim zweiten Versuch sicher verwandeln. Dann wieder Deutschland. Treffer durch Passlack, aber mit viel Glück. Und dann der erste Auftritt: Constantin hält einen guten Elfer des spanischen Kapitäns. Deutschland trifft wieder durch Vitaly Janelt. Dann das nächste, möglicherweise vorentscheidende Duell. Und Constantin pariert. What a feeling! Mit dem nächsten Treffer kann alles entschieden sein. Dann ist es amtlich: Salih Özkan verwandelt sicher für Deutschland! Was sich danach auf dem Platz abspielt, ist Freudentaumel pur. Alle auf der Tribüne springen auf und jubeln. Alle, bis auf einen. Bei den beiden gehaltenen Elfmetern noch in ekstatischer Freude aufgesprungen und die Arme nach

oben gerissen, kann ich jetzt nur noch sitzen bleiben und weinen. Susanne daheim geht es genauso, wie ich später erfahre. Welcher Stolz dich durchströmt, wenn dein Kind pures Glück verspürt aufgrund der eigenen Leistung, wissen nur Vater und Mutter zu fühlen. Egal, ob Elfmeterkiller, erster Tanz mit der Hip-Hop-Gruppe, Abi-Abschlussball oder was auch immer. Es ist noch schöner als das selbst Erreichte, aber auch bitterer, wenn etwas misslingt. Gegen Spanien glückte alles, und dann brechen die Glückwünsche vieler lieber Menschen über unseren Sohn, seine Mannschaft, aber auch über uns herein. Es ist so schön zu merken, wer wo überall mitgefiebert hat. Einfach ein Abend, der sich unauslöschlich in die Festplatte einbrannte. Und jetzt wartet das Halbfinale. Ob gegen England oder Russland, wird sich einen Tag später entscheiden.

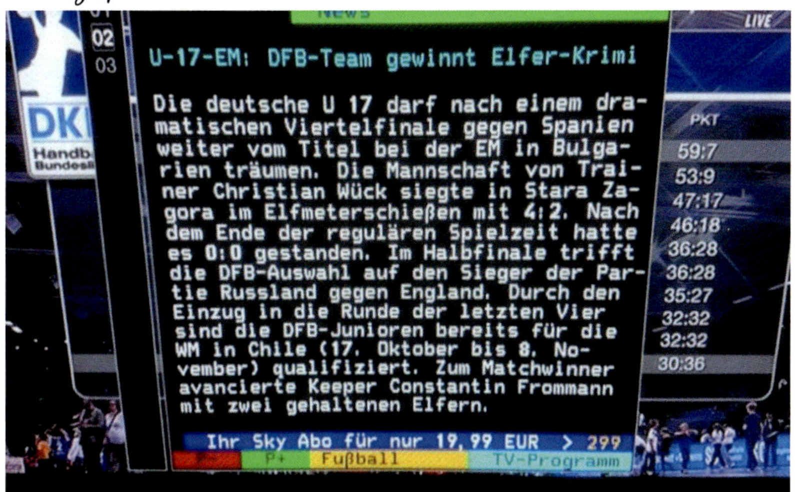

U-17-EM: DFB-Team gewinnt Elfer-Krimi

Die deutsche U 17 darf nach einem dramatischen Viertelfinale gegen Spanien weiter vom Titel bei der EM in Bulgarien träumen. Die Mannschaft von Trainer Christian Wück siegte in Stara Zagora im Elfmeterschießen mit 4:2. Nach dem Ende der regulären Spielzeit hatte es 0:0 gestanden. Im Halbfinale trifft die DFB-Auswahl auf den Sieger der Partie Russland gegen England. Durch den Einzug in die Runde der letzten Vier sind die DFB-Junioren bereits für die WM in Chile (17. Oktober bis 8. November) qualifiziert. Zum Matchwinner avancierte Keeper Constantin Frommann mit zwei gehaltenen Elfern.

Ihr Sky Abo für nur 19,99 EUR > 299

16. Mai

Es wird Russland. In einem dramatischen Viertelfinalspiel haben die Russen England mit 1:0 geschlagen, trotz großer Überlegenheit des Teams von der Insel. Damit ist auch klar, dass es für Constantin wieder kein einfaches Spiel werden wird. Wenig Beschäftigung, aber volle Konzentration über die gesamte Spieldauer.

17. Mai

Die Mädels kommen. Emma, Susanne und Omi sind an diesem Tag in Bulgarien gelandet und um die Mittagszeit im Hotel eingetroffen. Alle sind müde, aber sehr gut gelaunt. Nach dem Essen soll es kurz ins Städtchen gehen. Da meldet sich Constantin, dass ab 14 Uhr Training in Nessebar ist. Spontaner Programmwechsel, wir fahren zum Training. Dort angekommen sind die Jungs beim lockeren Training. Etwas abseits die Torhüter, Markus im Tor, Constantin schießt Bälle, Trainer Christian Fiedler schaut zu. Nach einer halben Stunde ist es dann vorbei. Die Mannschaft geht in die Kabine zum Umziehen, dann kommt Constantin. Innige Umarmungen, natürlich zuerst mit Emma, dann folgen Mami und Omi. Wir können uns wie immer nur kurz unterhalten. Es geht ihm aber gut. Auch Jonas, Constantins Mannschaftskollege aus Freiburg, kommt dazu. Er freut sich sichtlich, Gesichter aus der Heimat zu sehen. Dann geht es für beide wieder in den Mannschaftsbus und ab ins Teamhotel. Ein letztes Winken, weg ist er. Jetzt heißt es: gedulden bis zum Spiel. Am gleichen Tag werden alle Partien für den 19. Mai zugewiesen. Unsere Jungs spielen gegen Russland, wieder in Stara Zagora. Das hat für uns und auch alle Zuschauer den Vorteil eines Abendspiels, gleichzeitig bedeutet es zum dritten Mal für die Mannschaft und auch für mich: 250 Kilometer Anreise.

18. Mai

Heute hat Omi Geburtstag. Der Montag ist der Entspannung gewidmet, auch bei der Mannschaft. Sie hat erstmals im Turnier drei freie Tage zwischen den Spielen, kann also etwas länger regenerieren. Wir fahren am Abend in die Altstadt von Nessebar und genießen ein gutes Essen beim Capitanski. Am Vorabend war auch die deutsche U17 zu einem Ausflug hier. Eis essen war angesagt. Zuvor hatten Felix Passlack und Constantin ein Fotoshooting. Die UEFA machte eine Interviewreportage über die beiden, die anschließend auf der UEFA-Seite veröffentlicht wird. Tolle Fotos sind dabei entstanden.

19. Mai

Der Tag der Halbfinals und der Play-off-Spiele für die WM-Qualifikation. Die laufen zeitgleich am Nachmittag. Kroatien gegen Italien und England gegen Spanien. Am Ende setzen sich

England und Kroatien durch, was bedeutet, dass es Italien und Spanien nicht zur WM nach Chile geschafft haben.
Schon vor dem Spiel unserer Mannschaft ist zu hören, dass auch Frankreich das Halbfinale gegen Belgien gewonnen hat. Ein erneutes Elfmeterschießen, sehr knapp also. Der französische Torwart avancierte zum Helden und hielt drei Elfmeter. Weil es Zinedine Zidanes Sohn ist, wird im Anschluss daran ein großer Medienhype losgetreten.

Um 19 Uhr Ortszeit wird das 2. Halbfinale angepfiffen. Unsere Jungs haben große Mühe mit den Russen. Constantin bekommt tatsächlich kaum etwas auf den Kasten, ist aber in den wenigen Momenten zur Stelle. Und dann das 1:0 in der 2. Halbzeit durch Janni-Luca Serra. Endlich, den Jungs fällt eine große Last ab wie auch uns Eltern auf der Tribüne. Inzwischen kamen noch einige nachgereist und sind live dabei. Abpfiff. Dann nur noch großer Jubel und Freudentaumel. Das Finale ist tatsächlich erreicht! Deutschland gegen Frankreich, ein Klassiker mit den wohl besten Teams dieser U17-EM. Das Besondere: Unsere Jungs ziehen ohne Gegentor ins Finale ein. Was für ein Erfolg, auch für den Keeper. Auf dem Platz und dann vor der Abfahrt beim Mannschaftsbus kann man sich kaum vorstellen, was los ist. Wie bei einem Mega-Konzert. Jeder will mit den Spielern ein Foto machen, eine Unterschrift oder sogar ein Souvenir bekommen.

Als Mutter und Vater stehst du da nur daneben und schaust deinem Kind und den anderen Spielern beeindruckt zu. Verrückt, dass sogar Constantins Schwester Emma geherzt wird. Sie trägt das Halbfinaltrikot, das ihr Bruder ihr gerade geschenkt hat. Viele Mädchen und auch Mamas wollen mit ihr zusammen ein Foto. Und eine Frau schenkt ihr sogar einen bulgarischen Glücksbringer. Es ist ein gelungener Abend voller schöner Emotionen. Und zurück im Hotel heißt es wieder, die vielen Glückwünsche zu beantworten – aber vor allem zu feiern!

21. Mai

Wir spazieren gerade am Nachmittag durch die Straßen nahe dem Sonnenstrand, da klingelt mein Handy. „Bastian Krebs hier." Der U17-Teammanager ruft an, wie bei allen anderen Eltern ebenfalls. Er informiert über den Geheimplan, alle in Bulgarien anwesenden Familienmitglieder zum Galadinner ins bulgarische 5-Sterne-Hotel Primorez einzuladen. Die Spieler sollen überrascht werden, daher gibt es nach dem Endspiel auch kein weiteres Treffen am Mannschaftsbus. Eine wirklich schöne Idee des DFB.

22. Mai – FINALE

Die beiden Tage bis zum Finale gibt es dann nur noch per WhatsApp-Kontakt mit Constantin. Wir nutzen die Zeit zur

Erholung und für Urlaub, ich auch für die Arbeit. Die Mannschaft steckt in der intensiven Vorbereitung auf die Franzosen. Natürlich müssen auch wieder Interviews gegeben, die Mannschaften vorgestellt werden. Felix Passlack steht neben dem Trainer hier im Dauerstress. Er meistert das routiniert – ein würdiger Kapitän der Mannschaft und ein echter Leader. Auf der anderen Seite ist nur von Luca Zidane zu hören. Ziemlich viel Druck für so einen jungen Menschen, wie sich später herausstellen wird. Dann ist es so weit. Angereist ist auch die große DFB-Delegation um Präsident Wolfgang Niersbach. Leider sind für die Eltern im Stadion keine Plätze vorgesehen. So haben wir Glück, zum einen halbwegs rechtzeitig da zu sein und zum zweiten einige Eltern schon zu kennen. Wir schaffen es irgendwie und dank des Organisationstalents einiger Spielermütter, zusammenzusitzen. Vor dem Spiel gibt es eine schöne Eröffnungszeremonie der Bulgaren. Dann kommen die Teams, Nationalhymnen, Platzwahl und los geht's.

Das Spiel wankt hin und her, mit Vorteilen für Frankreich. Dennoch haben wir Chancen zur Führung. Grausam dann direkt vor dem Pausenpfiff das Tor für Frankreich – Constantins erster Gegentreffer im gesamten Turnier. Einige schwere Bälle hat er schon pariert, dieser war noch abgefälscht, nicht haltbar. Torjäger Odsonne Edouard setzt seine Erfolgsstory auch gegen Deutschland fort, wird mit acht Treffern am Ende auch

Torschützenkönig dieser EM. Halbzeit. Dann geht es weiter. Unsere Jungs demonstrieren Stärke und stehen früh auf dem Feld. Anstoß und gleich eine Großtat. Ein verunglückter Rückpass wird zum Alleingang für Edouard. Mann gegen Mann, und Constantin pflückt ihm die Kirsche direkt vom Fuß. Eine Glanztat. Von dieser Güte folgen dann noch einige weitere in der zweiten Halbzeit. Keine Chance gibt es allerdings bei den nächsten beiden Treffern der Franzosen. Sein Gegenüber sieht dagegen beim zwischenzeitlichen Anschlusstreffer zum 2:1 nicht gut aus, wie auch in einigen anderen Szenen. Aber alles hilft nichts. Am Ende steht es 4:1, das Endspiel ist trotz aufopferungsvollem Einsatz bis in die Nachspielzeit verloren. Dennoch: das zweitbeste U17-Team in Europa des Jahrgangs 1998 – darauf können die Jungs stolz sein –, was sich mit etwas Abstand dann auch einstellen wird. Und Constantin hat ein überragendes Endspiel geliefert. Das bestätigt auch unser Berater Jörg aus der fernen Heimat per SMS. Wir freuen uns außerdem über den Zuspruch vieler Eltern, dass ohne ihn das Endspiel wohl schon viel früher entschieden worden wäre. Auch der Bundestrainer lobt seine Leistung im Abschlussinterview. Heute zeugt in seinem Jugendzimmer der Wimpel Frankreichs von seiner Leistung in der Finalnacht, den er als „Man of the Match" überreicht bekam. Übrigens ist das eine schöne Tradition beim DFB nach jedem Länderspiel.

Im Hotel Primorez warten wir dann vergeblich auf Constantin. Als alle schon da sind und viele von ihren Eltern nach der Niederlage „getröstet" werden, kommt die Info: Dopingkontrolle für Constantin und Vitaly. Ausgerechnet an diesem Abend. Als das Essen schon fast vorbei ist, trudeln die beiden ein, und auch wir können Glückwünsche und Trost zugleich spenden. Dann spricht DFB-Präsident Niersbach zur Mannschaft. Er findet schöne Worte, passend zum gesamten Turnierverlauf. Und zum Abschluss gibt es noch ein Geschenk für jeden Spieler – eine kostbare Uhr mit Gravur als Erinnerung an ein unvergessliches Erlebnis. Das war es, auch mit einer silbernen Medaille.

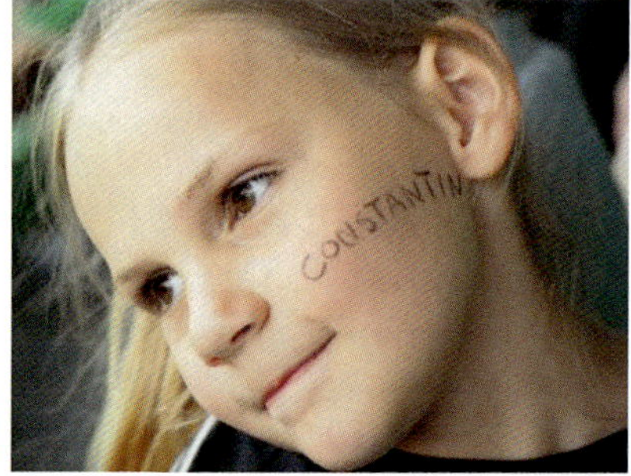

LGARIA 2015
UEFA UNDER 17
BUL

UEFA
UNDER17
CHAMPIONSHIP
2015

23. Mai

Das Team reist an diesem Tag zurück. Beim Rückflug über Wien geht das Gepäck verloren, kommt einen Tag später zuhause an. Genauso auch wir. In der Nacht holt Maximilian seinen Bruder am Bahnhof ab und fährt mit ihm zur Meisterfeier seines Vereins. Er und sein Team haben nämlich am gleichen Tag den Aufstieg in die Kreisliga A perfekt gemacht. Ein schöner Rahmen, mit Freibier und guter Laune. Auch Constantin wird gewürdigt, war er doch als Knirps dort als Fußballer einmal gestartet. So kommt er also tatsächlich wieder zurück, wie ihm seine erste Trainerin vor Jahren einmal prophezeit hatte – aber nicht reumütig, um wieder zu spielen, sondern als Vize-Europameister!

Einige Tage später geht es für Constantin mit zwei Freunden nach Spanien in den verdienten Urlaub. Dort feiert er auch seinen 17. Geburtstag. Internet und Zeitungen berichten in dieser Zeit noch viel über die EM. Auch Interviews mit Constantin werden veröffentlicht. Seine Kritiken sind einhellig positiv. Er ist der Torhüter der U17-EM 2015 und wird für seine Leistungen durch das technische Komitee der UEFA in das Team des Turniers gewählt!

7.3 WM-Tagebuch Chile 2015

28. September

20:38 Uhr – ein Traum geht in Erfüllung. Denn jetzt ist es amtlich, die Nominierung für die WM in Chile ist da. Als einer von drei Torhütern und 18 weiteren Spielern wird Constantin unser Land beim weltweit größten Wettbewerb seiner Altersklasse vertreten. Was jetzt folgt, kann man sich nicht wirklich vorstellen. Informationen im Internet, in der Zeitung, Kommentare von Freunden und Bekannten..., das war aber erst der Anfang.

29. September

Tatsächlich findet sich eine kleine, individuell zusammengestückelte Chile-Reisegruppe der Familien Abu Hanna, Nesseler, Köhlert, Janelt und Frommann. Der DFB stellt uns Tickets für die Vorrundenspiele zur Verfügung.

9. Oktober

Heute geht es los – für Constantin. Er kommt am Vorabend zusammen mit mir von Freiburg heim. Zuhause wartet die Familie: Emma, Max, Susanne, Omi und Susannes Bruder Andreas bei einem leckeren Raclette. Es ist ein schöner Abend. Und so kann er sich in aller Ruhe einstellen auf sein größtes sportliches

Abenteuer. Wir fahren am nächsten Morgen wieder einmal nach Offenburg zum Bahnhof. Dort starten sein ebenfalls nominierter Teamkollege Jonas und er zum Flughafen Frankfurt, wo sich die U17-Nationalmannschaft trifft, zur Einkleidung und zur Weiterreise nach Santiago de Chile.

10. Oktober

Nach knapp 30 Stunden Anreise ist das Team über Frankfurt – Rio de Janeiro – Santiago de Chile und Conception endlich in Chillan, dem ersten Spielort bei der WM, angekommen. Jetzt beginnt die Akklimatisierung.

12. Oktober

Heute gab es das einzige Trainingsspiel in Chillan. Ergebnis: 4:1 für unsere Jungs, aber kein echter Härtetest.

17. Oktober

Es geht los mit meiner ersten Reise nach Südamerika. 14:30 Uhr fährt mein Zug ab Offenburg. Meine Mädels liefern mich dort ab. Es geht zum Flughafen Frankfurt. Zwischendurch telefoniere ich noch mit unserem Berater Jörg zum Fortschritt der laufenden Vertragsgespräche. Um 19 Uhr geht dann der Flieger. Zunächst 2,5 Stunden nach Madrid, umsteigen in die IB6683 nach Santiago de Chile. In Madrid treffe ich Nesselers und Abu Hannas.

Vor uns liegen 13 Stunden Flugzeit. Alles klappt so weit gut. Spannend wird es in Santiago. Dort sind noch Dirk und Bert Köhlert dazugestoßen. Vom Flughafen aus müssen wir erst zum Busbahnhof, wo Khalils Cousin auf uns wartet. Er lebt in Chile. Der Busbahnhof ist ein Moloch. Unvorstellbar groß. Aber das Fernbusnetz ist perfekt. Den eingeplanten Mietwagen kann ich mir damit sparen. Wir treffen den Cousin, und 30 Minuten später sitzen wir im richtigen Fernbus nach Chillan, dem Ort der Vorrundenspiele unserer Mannschaft. Wahnsinn, die Fahrt kostet keine 10 Euro – für 400 km. Jetzt liegen nochmals 5 Stunden Fahrt von uns. Irgendwann ist es aber geschafft. Wir sind in Chillan, und wie sich herausstellt, liegt mein Hotel super zentral, nur 15 Minuten zum Stadion.

Abu Hannas, Nesselers und Köhlerts wohnen 5 Minuten um die Ecke – praktisch dort, wo auch das Mannschaftshotel ist. Nesselers waren vom Flughafen aus direkt mit dem Mietwagen angereist. Sie werden in Chile noch ein paar Urlaubstage an die WM dranhängen.

Alle ziehen sich jetzt erstmal zurück, um abends im Restaurant „Ficus" gemeinsam essen zu gehen. Was mein Domizil anbelangt: Nun, der Status „Grand Hotel" war einmal. Gebaut vor 40 Jahren, seither gefühlt nichts mehr verändert. Ich hatte früh gebucht und bezahle dafür nur 80 € die Nacht mit Frühstück. Das ist halbwegs in Ordnung, zumal ich höre, dass jetzt zur WM für ein gleiches Zimmer fast das Doppelte verlangt wird – ein Wucherpreis. Nach dem Essen ab ins Bett und schlafen. Vom Jetlag ist übrigens kaum was zu spüren.

18. Oktober

Heute Morgen habe ich einen Termin im Mannschaftshotel. U17-Teammanager Bastian Krebs übergibt mir die Tickets fürs heutige Auftaktspiel gegen Australien. Auch DFB-Vizepräsident Jugend Dr. Hans-Dieter Drewitz ist als Delegationsleiter da, wie immer freundlich und humorvoll. Es bleibt aber beim Smalltalk. Ich warte, dann treffe ich Constantin. Er freut sich sichtlich, jemanden aus der Heimat zu sehen. Auch Jonas kommt, den ich umarme. Wir plaudern eine Weile, dann müssen sie schon wieder los zum Abschlussspaziergang. Ich nehme mein Bündel und spaziere ebenfalls erstmals durch Chillan. Die Schachbrettstadt ist einfach und übersichtlich. Viele alte Häuser, alles sehr sauber. Überall liegen Hunde, anscheinend wildlebend. Sie gehören wie selbstverständlich zum Stadtbild und sind zahm, außerdem wohlgenährt. Ich schlendere über die Fanmeile, direkt vor meinem Hotel. Dann zum Markt, der auch am Sonntag geöffnet hat. Ein paar Bananen gekauft, die Menschen beobachtet, alle sehr entspannt hier. Nach einer Stunde bin ich zurück im Hotel.

Eineinhalb Stunden vor Spielbeginn holen mich die anderen ab. Maike und Timo Janelt sind auch dazugekommen. Sie haben sich allerdings in einer anderen Stadt eingerichtet, werden unabhängig vom Verlauf für unsere Jungs die gesamte Dauer des Turniers bleiben. Ein kurzer Fußmarsch, dann erscheint vor uns das schöne Stadion. Es wurde im gleichen Jahr zur Copa América, also zur Südamerikameisterschaft in Chile, erneuert. Die Sicherheitskontrollen sind sehr streng, strenger als an einem Flughafen. Schließlich macht die FIFA die Vorgaben, passieren dürfte also nix. Und dann sind wir drin. Ein Schmuckkästchen, denke ich. Zwar nur 12.000 Plätze, aber alles da, bis zum exklusiven VIP-Bereich.

Und dann kommen sie, erst unsere Torhüter zum Aufwärmen, dann die Mannschaft. Alles läuft routiniert ab.
Und pünktlich um 16 Uhr Ortszeit geht es los. Daheim fiebert

der Familienfanclub mit und erlebt eine prima erste Halbzeit. Für Constantin läuft es gut. Mit einer Glanztat hält er uns nach dem 1:0 durch Felix Passlack gegen die Australier im Spiel, ist damit bei der WM angekommen.

Gleich darauf fällt das 2:0. Zur Halbzeit steht es 3:0. Johannes Eggestein erzielte zum Auftakt gleich einen Doppelpack. Dann aber muss nochmals gezittert werden. Die zweiten 45 Minuten sind schlecht, Australien nach dem überraschenden 3:1 zeitweise am Drücker. So gab es durchaus Arbeit für Constantin. Erlösend dann Vitaly Janelts 4:1. Jetzt ist es entschieden. Abpfiff, wir liegen uns in den Armen. Der Start ist geglückt. Nach dem Spiel sehen wir die Jungs noch kurz. Constantin war leicht angefressen wegen des Gegentors. Andererseits war damit das Thema „Null-Gegentor-WM" gleich vom Tisch. Dann muss der Mannschaftsbus los, mit Polizeieskorte zurück zum Hotel.

Wir Eltern sehen uns anschließend noch das zweite Spiel der Gruppe an. Die Mexikaner überraschen. Lauter „Speedy Gonzales", sehr gut am Ball, taktisch ebenfalls schlau spielend. Die Argentinier stehen vor großen Problemen. Ihr Spiel ist nur auf Kraft und schnelles Umschaltspiel ausgerichtet. Alle Spieler scheinen dreimal täglich ein Rindersteak zu essen, so sehen sie aus und so spielen sie. Lauter Jungbullen. Es nützt ihnen nichts. Mexiko gewinnt am Ende verdient mit 2:0. Jetzt wissen wir, was auf die Jungs zukommt – und diskutieren beim Abendessen in unserer Expertenrunde, wie zu spielen ist – wir Bundestrainer. So gegen Mitternacht kommt an der Hotelbar dann Aktionismus auf. Die anderen Eltern müssen am Folgetag aus ihrem

Hotel in Chillan ausziehen. Sie hatten erst nur für zwei Nächste gebucht, wollten dann verlängern. Das Problem: Alles ausgebucht, auch in anderen Häusern. Nach langem Suchen und Verhandeln gibt es zwei Optionen – vielleicht doch verlängern oder umziehen in die letzten freien Zimmer in Chillan. Ich bin aber froh, dass sie nicht auf einer Parkbank schlafen müssen, worüber wir zuvor noch scherzten. Der Fußmarsch zurück in mein Hotel ist kurz. Ab ins Bett, schlafen – nein, halt. Noch schnell das Internet für die ersten Infos zum Spiel gecheckt. Jetzt aber schlafen.

19. Oktober

Nach dem Aufwachen beantworte ich erst einmal die lieben Glückwünsche, die durch die Zeitverschiebung erst jetzt eingetroffen sind. Von Chile aus ist das per WhatsApp eine sehr angenehme Möglichkeit. Dann zum Frühstück, Anruf daheim – es war dort wohl wieder sehr aufregend. Der Tag ist nicht verplant. Was wohl die anderen Eltern machen? Kurze Zeit später gibt es Neuigkeiten. Die anderen mussten doch umziehen, nach Conception, ca. 80 Kilometer von Chillan entfernt. Das bedeutet, wir sehen uns wohl erst wieder zum nächsten Spiel. Dann bin ich essen, in einem Lokal direkt bei Constantin um die Ecke. Eigentlich ganz nah, aber doch unendlich weit weg. Die Jungs sind abgeschirmt. Schade, ich hätte ihn gerne dabeigehabt.

20. Oktober

Heute ist noch spielfrei. Ich vertreibe mir die Zeit mit einem Ausflug in die Stadt und in den nahe gelegenen Park. Außer mir ist jetzt nur noch Familie Nesseler in Chillan. Wir verabreden uns zum Abendessen. Für die anderen und mich werde ich morgen die Tickets im Teamhotel abholen und hoffentlich Constantin kurz sehen. Ach, Bayern spielt heute Champions League bei Arsenal London. Das chilenische Fernsehen überträgt.
Das Abendessen mit Patrick, Daniels Bruder, Claudia und Michael Nesseler ist sehr schön. Nicht nur wegen des hervorragenden Steaks im El Soreno, wo am Tag zuvor auch unsere Mannschaft einkehrte. Nesselers kommen aus Leverkusen, und wir haben viel zu erzählen. Ihr Sohn Daniel geht eigentlich einen ähnlichen Weg wie Constantin. Allerdings wohnt er zuhause. Das bedeutet zwar keinen Trennungsschmerz, dafür aber viel mehr Organisation, Aufwand. Trainingsfahrten und Absprachen direkt mit der Schule und dem Verein. All das sind wir seit dem Wechsel ins Freiburger NLZ zwar los – dafür leider auch unseren Sohn. Daniels Bruder Patrick ist mitgereist, weil die Familie in Chile noch Urlaub macht. Er ist im gleichen Alter wie Constantins älterer Bruder Maximilian, studiert bereits BWL. Es ist anscheinend das gleiche gute Bruderverhältnis, wie wir es kennen – Gott sei Dank. Um 2 Uhr bin ich wieder in meinem Hotel.

21. Oktober

Zweiter Spieltag gegen Argentinien. Um 10 Uhr hole ich die Tickets im Teamhotel und treffe Constantin. Es ist schön, ihn im Arm zu halten und einmal eine halbe Stunde quatschen zu können. Dazwischen ein kurzes Händeschütteln mit den vorbeikommenden Trainern. Unser Sohn wirkt locker, dennoch fokussiert. Er scheint zu wissen, was heute auf sein Team zukommt und welche Antworten zu geben sind. Keine Spur von Nervosität. So wird es auch bleiben, bis heute Abend, zumindest äußerlich. Aber gegen Argentinien, das Land der „Maradonas" und „Messis" zu spielen, ist schon was Besonderes. Wir verabschieden uns herzlich, ich gehe zurück in mein Hotel, er zur Aktivierung. Es sind noch lange neun Stunden bis zum Anpfiff.

Vor Beginn des Vorspiels Australien - Mexiko holen mich Nesselers im Hotel ab. Die anderen sind schon beim Stadion. Sie kamen von Conception mit einem Mietwagen angereist. Alle sind äußerlich noch ruhig, die Anspannung steigt aber bei uns von Minute zu Minute. Das Vorspiel ist bemerkenswert. Hätte ich alles auf Mexiko gesetzt, entwickelt sich ein ganz anderes Spiel. Australien agiert clever, steht kompakt und spielt auch nach vorne. Mexiko findet kaum Möglichkeiten. So geht es auch in die zweite Halbzeit. Im Laufe des Spiels denke ich an Khalils Prophezeiung. Unentschieden! Er sollte recht behalten. Nach 90

Minuten steht es 0:0. Australien hat sich damit eine kleine Chance zum Weiterkommen bewahrt, Mexiko konnte nicht davonziehen. Jetzt ein Sieg von uns, und das Achtelfinale ist gesichert – wäre da nicht noch Argentinien.

Dann kommen unsere Jungs aufs Feld. Zuerst wie immer die Torhüter, dann die Spieler zum Aufwärmen. Ich habe noch kurzen Blickkontakt zu Constantin. Er wirkt wie immer locker, fokussiert. Fünf Minuten bis Anpfiff, Einlaufen der Teams und Aufstellung. Wir singen lauthals die Hymne mit, tauchen dabei sogar im Fernsehen auf, wie ich später erfahre. Anstoß. Unsere Jungs wirken selbstbewusst, ergreifen sofort die Initiative und haben schon bald die erste Chance. Nur kurze Zeit später dann das 1:0 durch Vitaly Janelt. Wir liegen uns alle in den Armen, ein Auftakt nach Maß ist geglückt. Jetzt dranbleiben, und genau so geht es weiter. Das 2:0 schießt Johannes Eggestein nach 20 Minuten. Ich kann nicht so recht glauben, was ich da sehe. Argentinien ohne Mittel gegen unsere Mannschaft. Ein Schuss an die Latte bleibt deren einzige Ausbeute der ersten Halbzeit. Dann läuft bereits die Nachspielzeit, als Salih Özcan im Strafraum gefoult wird. Elfmeter! Felix Passlack läuft an – und trifft. Wir führen zur Pause 3:0, ein Wahnsinn. Wenn es jetzt keinen Einbruch wie gegen Australien gibt, können sie es schaffen. Und auch in Halbzeit zwei ein unverändertes Bild: Argentinien spielerisch erschreckend schwach, zeitweise überhart. Unser Team bleibt aber unbeeindruckt, lässt sich nicht anstecken und hält dagegen. Dann die einzige Bewährungsprobe für Constantin. Halblinks brechen die Argentinier durch in den Strafraum, ein Flachschuss, er bleibt stehen, klärt mit dem Fuß. Ein Gegentreffer hätte den Gauchos nochmals Auftrieb geben können, so aber machen die Deutschen weiter wie gehabt. Und als der eingewechselte Niklas Schmidt das 4:0 schießt, ist es amtlich. Wir werden gewinnen, gegen eine, gegen die Fußballmacht aus Südamerika, und zwar hochverdient. Die über 8000 Zuschauer wissen dies zu würdigen. Eine phantastische Stimmung, Laola-Wellen wogen im Rund und dann – Olé, Olé klingt es bei jedem Pass unserer Jungs, während die Argentinier nur noch hinterherlaufen. Eine harte Probe und Demütigung für die jungen Spieler. Gleichzeitig läuft es mir kalt den Rücken hinunter. Nach 92 Minuten ist es geschafft. Eine regelrechte Sternstunde für den deutschen Jugendfußball, denke ich. Wir Eltern herzen uns überschwänglich, jubeln den Jungs zu, die leider nur kurz an die Brüstung dürfen, ehe sie in die Kabine müssen.

Ich rufe Constantin noch zu: „Hey, du kannst ja doch noch zu Null". Er schmunzelt. Nach 20 Minuten sehen wir sie nochmals bei den Bussen hinter dem Stadion. Es ist eine kalte Nacht, aber das merkt niemand, alle von uns stehen so unter Spannung und sind happy. Glückwünsche, Smalltalk, Handshakes, ein paar Autogramme – und dann sind sie auch schon wieder weg.

ARGENTINA	ALEMANIA
0	4
M. Penao	C. Frommann
J. Ferreyra	G. Guel
(46' M. Escudero)	*(76' P. Fritsch)*
L. Olivera	E. Karakas
J. Chicco	J. Abu Hanna
(46' E. Palacios)	*(46' D. Burnic)*
F. Pardo	N. Dorsch
G. Mancuso	J. Eggestein
P. Ruiz	M. Koehlert
T. Ruiz Díaz	F. Passlack
G. Berterame	D. Nesseler
(56' R. Rodríguez)	S. Oezcan
T. Conechny	*(62' N. Schmidt)*
M. Roskopf	V. Janelt
DT: M.A. Lemme	**DT: C. Wück**

Estadio: Nelson Oyarzún Arenas.
Público: 8.469 personas.
Árbitro: Ricardo Montero (Costa Rica)
Goles: 5' Janelt, 32' Eggestein, 45+2 Passlack, Schmidt 67' (Ger)
T. Amarillas: Mancuso, Ferreyra, Berterame (Ar); Oezcan, Burnic (Al)
T. Rojas: No hubo.

U17 Bundestrainer Christian Wück

Morgen ziehen sie um an den neuen Spielort in Talca. Wir verabschieden uns bis zum letzten Spiel. Dann noch ein Siegerbierchen mit Nesselers in meinem Hotel. Die Nacht wird selig, der Schlaf ist tief und entspannt. Was für ein Abend – alleine dieses Spiel war die lange Reise wert!

22. Oktober

Der Tag beginnt wieder mit Glückwünschen aus der Heimat, dann telefonieren mit den Daheimgebliebenen und Frühstück. Susanne, Maximilian und ein paar wenige haben trotz Zeitverschiebung auch nach Mitternacht an den Bildschirmen durchgehalten. Nesselers hatten anders als ich die gesamten Vorrundenspiele bereits von zuhause organisiert, sind daher inzwischen in Talca angekommen. Sie wollen sich dort um ein Zimmer für mich kümmern, wirklich nett von ihnen. Es scheint aber nicht so einfach zu sein. Am Abend gehe ich noch mit Dirk und Bert Köhlert sowie Andrea und Khalil Abu Hanna essen, wieder im El Soreno. Sie sind wieder zurück in Chillan, haben eine Unterkunft gefunden. Dieses Mal ist es im Lokal nicht ganz so ruhig, denn die Australier sind gekommen. Eine wirklich lustige Truppe Eltern und Familien aus Down Under – die von Spiel zu Spiel immer mehr werden. Sehr nett, aber auch sehr laut. Und ich bin überrascht: Sogar die Spieler sind dabei. Der Verband hat ihnen an diesem Abend wohl freigegeben. Wenn ich es richtig erkenne, sind sogar Trainer und das Funktionsteam mit dabei.

23. Oktober

Gestern hat sich kurzfristig ergeben, dass ich kein Zimmer in Talca brauche, sondern in Chillan in meinem Hotel bleiben werde. Abu Hannas und Köhlerts sind zurück. Wir werden uns zusammenschließen, nehmen einen Mietwagen nach Talca zum Spiel und wieder zurück. Danach will ich am Sonntag von Chillan aus wieder zum Flughafen in Santiago aufbrechen, denn meine Reise endet leider nach der Vorrunde. So weit der Plan.

24. Oktober

Der heutige Tag verlief entspannt. Morgens war ich in der Wechselstube, um von den eingewechselten chilenischen Pesos die Mitbringsel für die Lieben daheim zu erstehen. Auf dem riesigen Markt hier in Chillan bekommst du fast alles. Alpakawolle ist der bevorzugte Kleiderstoff, woraus dann auch fast alle meine Geschenke gefertigt sind. Auch das Ticket für den Bus zurück zum Flughafen ist inzwischen gelöst. Am Abend bin ich mit Dirk und Bert Köhlert im schönen Grillrestaurant Carpintero Negro essen. Heute hat sich ergeben, dass wir bei einem Sieg im letzten Gruppenspiel im Achtelfinale tatsächlich auf Chile in Chillan treffen können. Das wäre natürlich ein Hammerlos, was Stimmung und Emotionen angeht. Jetzt aber erst einmal abwarten, wie es morgen läuft.

25. Oktober

3. Spieltag. Mexiko wartet. Wie verabredet fahren wir gemeinsam mit dem Mietwagen nach Talca. Khalil hat alles organisiert. Dort treffen wir Nesselers, die unsere Karten mitbesorgt haben. Wir schauen wieder das Vorspiel an, Belgien gegen Ecuador. Ab 19 Uhr heißt es dann Daumen drücken. Da unsere Jungs schon qualifiziert sind, wird es keine Nerven aufreibende Sache werden. Aber für Constantin wird es wieder kribbeln in meinem Bauch, er will ja möglichst kein Gegentor.

26. Oktober – Rückblick

Ich sitze nach dem Mexikospiel und meinem letzten Abend in Chile jetzt am Flughafen in Santiago und versuche, dass gestern Erlebte etwas zu ordnen. Also, in Talca kamen wir rechtzeitig zum Vorspiel an, trafen Nesselers und erlebten eine wenig mitreißende Partie. Belgien war schwach, Ecuador wahrscheinlich im Rahmen seiner Möglichkeiten und konnte das Match auch deutlich für sich entscheiden. Dann hieß es, wieder eine Stunde warten. Wobei, die Jungs, allen voran natürlich die Torhüter, kamen schon bald aufs Feld, um sich aufzuwärmen. Ich habe ein gutes Gefühl. Constantin wirkt abermals sicher und konzentriert. Ein kurzer Augenkontakt, jetzt weiß er Bescheid. Zehn Minuten vor Beginn startet das bekannte Protokoll. Hinter uns die Mexikaner. Eine Meute, verglichen mit uns. Wir deutschen Eltern schlagen uns aber wacker.

Dann geht es los. Und passend zu diesem Spiel setzt der Regen ein. Ein Vor- oder Nachteil? Die erste Halbzeit zeigt zwei Mannschaften, die sich neutralisieren. Praktisch keine Chancen auf beiden Seiten. Dennoch ein Spiel auf ordentlichem Niveau. Der Regen trennt aber die Spreu vom Weizen. Und selbst auf Nationalmannschaftsniveau sieht man Unterschiede, da die Bälle jetzt extrem schwer zu kontrollieren sind. Der erste Kontakt misslingt bei einigen unserer Jungs, auch bei den Mexikanern. Zur Halbzeit ist nichts passiert.

Durchgang zwei. Nach wenigen Minuten die Chance: Der mexikanische Keeper unterläuft einen langen Ball von links. Direkt dahinter steht Mats Köhlert, der eigentlich jetzt nur einzunicken braucht. Überrascht vom Fehlgriff des Mexikaners erwischt er die Kugel nicht perfekt – und trifft das Außennetz. Kurz darauf folgen die entscheidenden zehn Minuten. Unsere Jungs leisten sich Unkonzentriertheiten, Mexiko kommt vor unserem Strafraum zu gefährlichem Ballbesitz. Dann ein Schuss, Constantin ahnt die Ecke, taucht ab und wähnt den Ball sicher – wäre er nicht unhaltbar auf die andere Seite abgefälscht worden. 1:0. Die Mexikaner hinter uns flippen aus. Leider haben sie sich als unfeine Fans erwiesen, obwohl wir oft netten Kontakt hatten. Denn bei Abschlägen, Freistößen oder auch Eckbällen unserer Jungs schreien sie auf mexikanisch schlimme Schimpfwörter, wie wir im Laufe des Spiels von Ortskundigen erfahren. Primitiv und hässlich benehmen sich die Fans aber anscheinend auch zuhause in Mexiko, wie wir hören. Das hat nichts beim Sport, schon gar nicht bei Jugendspielen zu suchen. Und kurz darauf fällt das 2:0. Ein Eckball auf das kurze Eck, wieder eine Unaufmerksamkeit der Abwehr, dann versteinerte Gesichter neben mir. Aber unsere Jungs zeigen Reaktion und schaffen den Anschlusstreffer zum rechten Zeitpunkt. Aus dem Gewühl trifft Johannes Eggestein zum 4. Mal bei der WM. Sein Spiel ist heute lange nicht so effektiv wie die beiden Male zuvor – aber er trifft. Es sollte dennoch nicht reichen. Eine letzte Chance kurz vor Schluss, dann der Abpfiff. Die erste Niederlage bei dieser WM – und man möchte anschließen, hoffentlich die letzte. Sie schmerzt auch nur wirklich in ihrer Entstehung, denn passiert ist noch nichts Schlimmes.

Platz zwei bedeutet das Achtelfinale gegen Kroatien. Außerdem einen Tag länger Regeneration. Das Spiel wird in Conception sein, die Mannschaft wird reisen müssen, aber im Fall eines Sieges das Viertelfinale wieder im Stadion in Chillan spielen, dass die Jungs ja kennen. Dennoch ist Bundestrainer Christian Wück stinksauer, wie sich in den anschließenden Interviews herausstellt.

Uns Eltern belastet das jetzt wenig. Für uns geht es um die Jungs. Und da Nesselers und ich nach diesem Spiel abreisen, wollen wir Daniel und Constantin wenigstens noch einmal kurz sehen, um uns zu verabschieden und um Glück zu wünschen.

Was dann folgt, ist abenteuerlich: Am Spielort in Talca sind die Jungs anders als in Chillan komplett abgeschirmt. Wir können uns maximal von einem Balkon über fünf Meter Entfernung zubrüllen. Dann sehen wir plötzlich Vitalis Mama unten bei den Mannschaftsbussen. Maike war taff und ist in die Sperrzone „eingedrungen". Respekt – und für uns das Signal, ihr zu folgen. Trotz vieler gelb gekleideter Sicherheitsleute schaffen es einige von uns zur Mannschaft. Daniels Papa und Bruder aber werden abgefangen und beinahe noch in Verwahrung genommen. Eine absurde Situation, wollen sie doch nur zu Sohn und Bruder. Das FIFA-Reglement schreibt aber vor, nur zugangsberechtigte Personen durchzulassen. Natürlich haben wir Eltern dafür keine Ausweise oder eine Kontaktperson, die hätte helfen können. Die Situation entspannt sich erst, als Daniel Nesseler mit seiner Mutter – Claudia hatte es auch zu uns hineingeschafft – zum Ausgang eilt. Drinnen bin inzwischen auch ich und warte auf Constantin. Wer die Situation erkennt und sich um uns bemüht, ist Hansi Flicks damalige Assistentin Maika Fischer. Sie erklärt den Sicherheitskräften, dass wir die Eltern sind und nur zu unseren Kindern wollen. Zum Glück kommt Constantin noch, muss zu keiner Dopingprobe und ich kann mich wenigstens kurz von ihm verabschieden. Tags darauf geht meine Reise zurück ins 13.000 km entfernte Deutschland. Da ist es doch nur normal, sein Kind noch einmal bei sich haben zu wollen, um ihm viel Glück zu wünschen. Mein schwarz-rot-gelbes Mützchen lasse ich ihm da, als Mutmacher und Glücksbringer. Dann muss er auch schon wieder los, der Bus fährt. Einzig Abu Hannas warten jetzt noch auf Joel, der zum zweiten Mal nacheinander zur Dopingkontrolle muss – was für ein Blödsinn.

Eine Stunde später sind Andrea, Khalil, Dirk, Bert und ich wieder mit dem Auto auf dem Weg zurück nach Chillan zu unserer Basisstation. Zu mitternächtlicher Stunde finden wir das letzte offene Lokal, um zum Abschied etwas zu trinken und zu essen. Das Erlebte lassen wir Revue passieren. Viel Merkwürdiges war passiert. Nesselers sind nach ihrer Abfertigung durch die Sicherheitskräfte ebenfalls bereits auf dem Weg, ohne dass wir uns nochmals treffen konnten. Der anschließende Abschied erfolgt leider nur noch per WhatsApp und SMS. Nach schönen Tagen in Chile von uns Eltern ist es irgendwie traurig, wie es am Ende so abläuft. Gewiss trifft niemand eine Schuld, schon gar keine Absicht. Nur bleibe ich bei meiner persönlichen Einschätzung: Gäbe es auf einer sachlichen Ebene ein „Miteinander“ beim Bemühen um unsere Talente, dann würden am Ende alle davon profitieren. Mein Abschied von den anderen liebgewonnenen Eltern aus Chile fällt schwer, obwohl ich mich auch schon wieder riesig auf zuhause freue.

Ende des Rückblicks

Ich sitze nach wie vor am Flughafen in Chile und warte auf meinen Flug über Madrid zurück nach Frankfurt. Das letzte DFB-TV-Video ist ein Doppelinterview. Christian Wück und Constantin kommentieren das Spiel. Das Fazit des Trainers ist hart. Auch für unseren Jungen gäbe es weiß Gott schönere Momente, ein Interview zu geben. Er macht es ordentlich. Auch da muss ein angehender Profi durch. So, gleich geht mein Flieger, dann ab nach Hause – und hoffentlich dürfen die Jungs noch lange bleiben, zusammen mit Abu Hannas, Köhlerts und Janelts – den letzten verbliebenen Eltern.

29. Oktober

Das Achtelfinale steht auf dem Programm. Ich bin nach langer Rückreise wieder gut in Frankfurt gelandet und werde daheim von meinen Mädels sehr lieb empfangen. Seither läuft auch bei uns die „Vorbereitung“. Jetzt sitzen wir wieder vor dem Fernseher, zusammen mit Freunden. Max schaut die Partie auswärts.

Es ist mein erstes Fernseh-WM-Spiel, und irgendwie sind meine Gefühle nach dem schlechten Auftritt gegen Mexiko gemischt. Ich versuche aber keine negativen Gedanken aufkommen zu lassen – das muss klappen, die Jungs sind schließlich gut genug, um zu gewinnen.
Das Spiel wird aber keine Galavorstellung. Die Umstellungen des Trainers greifen nicht wirklich. Constantin bekommt früh Arbeit, meistert die ersten Aktionen. Dann der Schock durch den Treffer der Kroaten. In dieser Phase sogar verdient. Einige unserer Spieler scheinen nicht so recht begriffen zu haben, worum es hier geht oder sind zu nervös. Erst ganz allmählich gelingt mehr Zugriff, werden Chancen erarbeitet. Leider ist die Offensive – wie schon gegen Mexiko – gut abgeschirmt, außerdem der gegnerische Keeper stark. Die 2. Halbzeit bringt uns zwar Übergewicht, dennoch verteidigt Kroatien erfolgreich, bis zum Schluss. Alle Versuche, alle Auswechslungen, alles Anrennen – nichts fruchtet. In der Nachspielzeit dann sogar noch das 2:0 durch einen Konter. Aus und vorbei! Unsere Jungs sind im ersten K.O.-Spiel ausgeschieden. Große Enttäuschung, Trauer, aber auch Ärger. Denn es war eine vermeidbare Niederlage, wie schon gegen Mexiko. Wenngleich alle sicher wollten, ein paar Spieler blieben unter ihren Möglichkeiten. Auf absolutem Topniveau ist das kaum zu kompensieren. Constantin bot eine ordentliche Vorstellung, wie später geschrieben wurde. Wenige Gelegenheiten zu glänzen, aber

da, wenn er gebraucht wurde, und mit einem modernen Torwartspiel. Er hat nach der EM in Bulgarien ebenso eine gute WM gespielt. Auch das ist es, was neben der Mannschaftsleistung ebenfalls zählt. Denn was sagen alle Trainer immer gebetsmühlenartig: Nicht der Erfolg ist das Wichtigste in diesem Alter, sondern die Entwicklung jedes einzelnen Spielers.

30. Oktober

Heute gab es nur kurz Kontakt mit Constantin, da gerade die ungeplant frühe Rückreise läuft. Alles muss jetzt kurzfristig organisiert werden, sicher keine einfache Aufgabe für einen Teammanager. Von Conception aus ist die Mannschaft schon wieder auf dem Weg nach Santiago de Chile, von wo aus es wegen der Flüge aber wohl erst Tage später weitergehen kann. Mal abwarten, wann er sich auf heimischem Boden meldet. Natürlich kamen von engen Freunden und Bekannten mitfühlende E-Mails und Nachrichten an. Viele Menschen berührt die ganze Geschichte unserer U17. Und die kommende Woche sind zum Glück Herbstferien. Dann kann Constantin daheim erst einmal wieder in Ruhe ankommen und wir mit ihm alles Weitere besprechen. Wir alle freuen uns, dass er bald wieder da ist – auch ohne Medaille und Pokal, dafür mit einem Gepäck voller Erfahrungen.

2. November

Heute Nachmittag haben Emma und ich Constantin am Bahnhof in Offenburg abgeholt. Müde, aber schon wieder mit genügend Abstand zur WM. Wir sprechen über das Erlebte, was gut, was schlecht lief, woran es lag. Somit ist das Kapitel U17-Nationalmannschaft um Bundestrainer Christian Wück abgeschlossen. Es war ein sehr lehrreiches und schönes, wie er sagte. Tags zuvor sind übrigens die Kroaten gegen Mali ausgeschieden – spätestens da wäre sowieso Schluss gewesen. Denn Mali war stark – und vor allem jeder einzelne Spieler mit Herzblut bei der Sache!

15. November - Nachtrag

Am Ende hat Nigeria die U17-WM erneut gewonnen. Mali schaffte es bis ins Endspiel, unterlag aber mit 2:0. Ein großer Erfolg für den afrikanischen Kontinent. Das belgische Team wurde Dritter, es schlug Mexiko in einem spannenden Spiel mit 3:2. So viel zur Statistik.

Aber eine andere Begebenheit will ich noch notieren. Nach seiner Rückkehr berichtete Constantin mit etwas Abstand über Chile und die letzten endlosen drei Tage in Santiago nach dem Ausscheiden. In einem schönen Hotel war die Möglichkeit gegeben, etwas abzuschalten und nochmals zusammen zu sein, sich zu verabschieden. Denn der Wechsel in die U18 und damit auch zu einem neuen DFB-Trainer- und Funktionsteam stand an.

Darum verabschiedete sich Bundestrainer Christian Wück von allen und wünschte jedem eine gute Zukunft. Auch Hansi Flick sprach mit jedem einzelnen, über die WM und wie es danach weitergehe, sportlich und schulisch. Dabei sprach er unserem Sohn sinngemäß folgende Anerkennung aus: „Mach so weiter, Constantin. Du bist wie auch die anderen Jungs auf einem guten Weg, hast Dich toll entwickelt. Derzeit zählst Du zu den größten deutschen Torwarttalenten Deines Jahrgangs."

7.4 Fritz-Walter-Medaille

Der 30. Juli ist in unserer Familie ein Geburtstag. 2015 feierte Constantins Opa Walter seinen 81sten. Er hatte Alzheimer, und sein gesamtes Erinnerungsvermögen ist nach und nach einfach verschwunden. 2018 starb er nach einem schlimmen Sturz als Folge seiner Krankheit. Damals, 2015, war er aber noch mobil und hatte an seinem Wiegenfest Freude, unter Menschen zu sein. Für seinen Enkel Constantin bedeutete dieser Tag leider Training. Es war über die Jahre nicht der einzige familiäre Anlass, der seinem eng getakteten Programm zum Opfer fiel, obwohl er gerne auch zum Feiern bei uns gewesen wäre.

Aber ein anderer Anlass vertrieb an diesem Tag die Wolken. Durch puren Zufall stolperte ich im Internet über die Nachricht des DFB zur Verleihung der Fritz-Walter-Medaillen 2015. Die Goldgewinner bei den Juniorinnen war Pauline Bremer, bei den U19-Junioren Jonathan Tah und bei der U17 Felix Passlack. Dann aber traute ich meinen Augen nicht, als ich auch Constantins Namen las – als Gewinner der Bronzemedaille hinter Niklas Dorsch. Die wohl höchste Jugendspielerauszeichnung des DFB sollte an unseren Sohn verliehen werden, wobei dabei die Platzierung letztendlich keine Rolle spielt. Was für eine Nachricht! Gleich schrieb ich ihm, da er die Nacht bei einem Freund verbrachte – es war der erste Tag der Sommerferien. Einige Zeit später kam seine Antwort. Er konnte es selbst nicht glauben, erst, als er es selbst auf der DFB-Seite nachgelesen hatte. Die Verleihung sollte am 4. September in Frankfurt stattfinden. Für ihn wie für alle anderen Gewinner war es der Lohn sehr harter Arbeit. Denn wie wird es von Seiten der Trainer und Funktionären im Nachwuchsleistungssport immer wieder gepredigt: 20 Prozent sind Inspiration, der Rest ist Schweiß und Arbeit.

„20 Prozent sind Inspiration, der Rest ist Schweiß und Arbeit.“

Die Tage hatte er auch sein Abschlusszeugnis der Kursstufe 11 erhalten. Es war absolut in Ordnung. Zwei kleine Ausreißer in Englisch und in Deutsch, aber ansonsten alles im grünen Bereich. Und das besprochene Ziel – ein Abi mit mindestens einer zwei vor dem Komma und dahinter nicht weit davon weg – war nicht in Gefahr. Die Ehrung durch den DFB bedeutete auch eine wundervolle Bestätigung des geleisteten Gesamtpakets der letzten zwei Jahre, war der Anreiz, weiter dranzubleiben.

Dann war es so weit. Termin in der Klassikstadt Frankfurt mit Besichtigung der Oldtimerausstellung und Werkstätten, danach Verleihung der Auszeichnungen, Abendessen und als Abschluss das EM-Qualifikationsspiel Deutschland gegen Polen in der damaligen Commerzbank Arena. Die Besichtigung verpassten wir leider wegen eines Staus auf der Autobahn. Zur Verleihung trafen Constantin, Susanne, Emma und ich aber rechtzeitig ein. Es war ein außergewöhnlicher Event für die Mädchen und Jungen, die ausgezeichnet wurden, aber auch für ihre Begleiter. Viele schöne Worte wurden gefunden, von Dr. Hans-Dieter Drewitz, Hansi Flick, Christian Wück und von Moderator Marco Hagemann. Neben uns waren auch der Leiter des Freiburger NLZ und der Vorsitzende von Constantins altem Heimatverein eingeladen. Denn die zum Zeitpunkt der Verleihung aktuellen sowie die Jugendvereine sind die Begünstigten der Leistungen ihrer Spieler und Medaillengewinner. Sie erhalten eine finanzielle Zuwendung. Das ist in Ordnung, denn sie haben ihren Teil zur sportlichen Entwicklung beigetragen. Für uns Eltern gab es den schönen Abend, ein großes Dankeschön und die Einladung zu einem Länderspiel. Man wird dankbar und bescheiden, im Laufe der Zeit.

Marco Hagemann im Gespräch mit Hansi Flick, seinerzeit Sportdirektor beim DFB

Und jetzt will ich Ihnen noch ein kleines Geheimnis verraten, weshalb mein Sohn an diesem Abend so blendend aussah: Auf der gemeinsamen Fahrt vom Hotel zur Verleihung stellte er plötzlich fest, dass er wohl etwas „underdressed“ sei. Die beiden anderen U17-Preisträger Felix und Niklas waren in schicke weiße bzw. schwarze Hemden gekleidet. Der eine trug sogar eine Fliege. So entschieden wir beide kurz entschlossen, noch im Bus vor Ankunft in der Klassikstadt, unsere Hemden zu wechseln. Das Resultat: Ich trug jetzt ein Karohemd, bei dem etwas die Knöpfe spannten. Constantin dagegen stand in schneeweiß, modisch aktuell gekleidet auf der Bühne und sah echt „casual“ aus.

Eine sehr nette Begebenheit erlebte Susanne noch beim Anstehen am Büffet an diesem Abend. Hinter ihr hatte sich zufällig der ehemalige U15-Bundestrainer Frank Engel eingereiht. Als er sie erkannte, meinte er mit viel Humor: „Ich freue mich für Ihren Sohn und wünsche ihm auf seinem weiteren Weg alles Gute. Nur verstehe ich nicht, warum er mir nicht schon in der U15 aufgefallen ist. Sowas hätte mir nicht passieren dürfen.“ Beide mussten schmunzeln.

Auf der Fahrt nach Frankfurt erfuhr ich von Constantin noch von einer aufregenden Premiere. Dienstags darauf stand sein erstes Profi-Torwarttraining auf dem Plan. Es sollte sehr gut verlaufen, und tatsächlich schien er schon sehr weit für sein Alter. Es wurde entschieden, diesen Dienstagstermin beizubehalten, woraufhin anschließend auch der Stundenplan ausgerichtet wurde. Das geht bei einer Eliteschule vergleichsweise einfach. In einer damals nicht ganz einfachen Phase seiner U-Mannschaft beim SC war es für ihn ein Highlight, künftig regelmäßig an der Schwarzwaldstraße trainieren und Profiluft schnuppern zu dürfen, vielleicht ja schon bald dazuzugehören? Doch leider sollte alles ganz anders kommen.

FRITZ-WALTER-
MEDAILLE

7.5 Wir wollen, dass Du bleibst

Die Vorbereitung lief für Constantin in diesem Sommer gut. Und am ersten Spieltag gegen Aufsteiger Ingolstadt hatte er auch ein nächstes Zwischenziel erreicht: Die Nr. 1 des U19-Jahrgangs 2015/16 in der A-Junioren Bundesliga. Dabei setzte er sich gegen zwei ältere Torhüter seiner Mannschaft durch. Er spielte, als hätte er schon immer auf diesem höchstmöglichen Jugend-Niveau gespielt. Leider verlief der Einstand unter dem neu nach Freiburg gewechselten Trainer nicht ganz wunschgemäß. Glücklich in Ingolstadt 2:3 gewonnen, dann die 0:1 Niederlage daheim gegen den zweiten Aufsteiger Saarbrücken, und in Heidenheim gerade so 1:1 kurz vor Schluss. Eigentlich waren aus diesen Spielen neun Punkte einkalkuliert. Es lag aber nicht an der Qualität der Mannschaft, vielmehr war sie zu diesem Zeitpunkt einfach noch nicht zu einem Team zusammengewachsen. Die älteren Spieler vom 1997er Jahrgang wollten zeigen, dass sie in den Profikader, zumindest in die U23 gehören. Die Jüngeren waren erst im Stand-by-Modus, bekamen dann aber ihre Chancen und holten sowohl in Ingolstadt als auch in Heidenheim die Kohlen aus dem Feuer. Tatsächlich verlief die ganze Saison mit schwankenden Leistungen. An Meisterschaft war nicht zu denken, das Abstiegsgespenst aber zum Glück rechtzeitig verjagt.

In diese Phase fiel aber eine andere wichtige Entscheidung. Der SC Freiburg wollte, dass Constantin langfristig bleibt und war gewillt, das auch in die richtige Form gießen. Von unserem Berater erfuhr ich, dass Constantins Weiterverpflichtung zur Chefsache gemacht wurde. Wir hatten ein gutes Gefühl, ebenso Jörg. Schon in der Vergangenheit hatte er uns mehrfach bedeutet, dass dem Verein daran gelegen sei, Constantin zu halten, da er ihn als Torspieler, Führungspersönlichkeit, Mensch und auch seine offene Art sowie Schlitzohrigkeit, also das „Komplettpaket", sehr schätze. Das langfristige Ziel müsse es sein, Constantin zum Erstligaprofi auszu-

bilden und aufzubauen – natürlich ohne Garantien, die es selbst in dieser fortgeschrittenen Phase der Talenteentwicklung nicht geben kann. Die Absicht aber sei, die Phalanx der echten Eigengewächse auf der Torhüterposition fortzusetzen. Das traute man Constantin wohl tatsächlich zu. Kurze Zeit später folgten Verhandlungsgespräche. Bei aller Professionalität war es eine sehr partnerschaftliche Atmosphäre, wie ich im Nachhinein erfuhr. So lag bald ein finaler Vorschlag auf dem Tisch. Diesen besprachen wir Anfang September bei uns zu Hause. Constantin war da, weil es das Wochenende vor seiner Abreise zur WM in Chile war. Er hatte spielfrei und wollte sich bestmöglich vorbereiten. Es passte fasst alles. Jörg wollte dann mit dem Verein letzte Details klären, allerdings erst nach der WM, um für beide Seiten keinen Druck zu haben.
Etwas überraschend kam es kurz vor Abreise noch zu einer Einladung für Constantin und mich zu einem Gespräch mit Verantwortlichen des SC Freiburg. Man wollte nochmals aufzeigen, was sportlich für Constantin beim SC Freiburg möglich ist. Es wurde klar deutlich, dass der SC ihn wirklich halten möchte. Dabei machte auch Freiburgs Cheftrainer aus seinen persönlichen Erfahrungen mehrfach deutlich, in welcher finanziellen Verhandlungsposition der SC Freiburg im Vergleich zu manch anderen Clubs stehe, was zum jetzigen Zeitpunkt aber absolut keine Rolle spielen dürfe. Das leuchtete ein, war aber auch ganz in unserem Sinne. Für mich war aber vor allem das Gespräch mit dem Torwarttrainer sehr wichtig, weil er ja der alles entscheidende Mann sein würde. Er machte auf mich einen hochprofessionellen Eindruck, ohne Schnörkel und Versprechungen, aber mit einem Plan und klaren Zielen. Er brachte zum Ausdruck, dass man sich auf den SC einlassen müsse. Nur dann sei eine richtige und vollumfängliche Torwartausbildung möglich.

Zwei Wochen vor Weihnachten, also nach der WM in Chile, kam bei uns zu Hause ein Anruf eines Scouts von Aston Villa an. Auch die Premier League war inzwischen wach geworden. Es blieb aber bei dem Telefonat, denn mit dem SC war inzwischen alles perfekt. Und wie schon beschrieben, kam es am 21. Dezember 2015, einen Tag vor dem 20. Geburtstag von Constantins Bruder Maximilian, zur Vertragsunterzeichnung. Da unser Jüngster zu diesem Zeitpunkt noch minderjährig war, mussten Susanne und ich ebenfalls unser schriftliches Einverständnis geben. Treffpunkt war im Schwarzwaldstadion, einen Tag nachdem die U19 gegen Hannover aus dem DFB-Pokal flog. Natürlich reiste auch unser Berater an. Letzte Details wurden besprochen, dann kam es zur Unterzeichnung der Dokumente. Es war schon ein besonderer Moment – der erste Profivertrag unseres Sohnes. Darauf hatte Constantin sechs Jahre hingearbeitet, beginnend mit den ersten Fördertrainingseinheiten des Landesverbands an der südbadischen Sportschule Steinbach 2009. Da war er gerade elf Jahre alt. Und nun glückte es ihm tatsächlich, seinen Traum weiterzuleben. Auch wenn die Arbeit nun erst so richtig losgehen sollte – alleine das Ticket dafür gelöst zu haben, war für uns alle unglaublich.

„Da unser Jüngster zu diesem Zeitpunkt noch minderjährig war, mussten Susanne und ich ebenfalls unser schriftliches Einverständnis geben.“

8 Alles steht plötzlich auf der Probe

Die wohl härtesten Phasen für einen Fußballer sind Verletzungen. Sie zwingen zu längeren Pausen von oft unbekannter Dauer. Das ist für einen fertigen Profi wahrscheinlich genauso schwer auszuhalten wie für einen Nachwuchsfußballer. Er hat aber einen entscheidenden Vorteil: seine Erfahrung. Ein Jugendlicher hingegen weiß nicht, was jetzt auf ihn zukommt.

Ist es vielleicht eine Knöchelverletzung, ein Bänderriss oder ein gebrochener Knochen, hört es sich zunächst schlimm an. Dann reden wir aber von Wochen oder wenigen Monaten der Genesung. In diesen Fällen sind eine Diagnose und Prognose gut möglich, welche Maßnahmen greifen und wie lange der Heilungsverlauf voraussichtlich dauern wird. Geht es aber um Entzündungen, vielleicht des Schambeins, der Sehnen eines Knies oder Reizungen der Achillesferse und der Knochenhaut, sieht die Sache etwas anders aus. Oft schwer zu diagnostizieren und ungewiss, wie lange die Heilung braucht, darf meist nur reduziert und selektiv – wenn überhaupt – weitertrainiert werden. Es ist dann überhaupt nicht klar, zu welchem Zeitpunkt wieder beschwerdefrei ins Mannschaftstraining oder in den Wettkampf eingestiegen werden kann. Bei diesen Problemen ist man auch nicht wirklich „verletzt", kann außer Leistungssport fast alles tun, den Alltag bestreiten, hat nur bei bestimmten Bewegungen Schmerzen, weil der Körper reagiert. Worauf die eigentlichen Entzündungsursachen beruhen und woher sie rühren? Nun, das herauszufinden ist die große Kunst und braucht professionelles Fachwissen.

Ist man dann auf dem Weg zurück, kommt es immer wieder zu Rückschlägen. Sind nämlich die Beschwerden abgeklungen, wird versucht, auf medizinischen und physiotherapeutischen Rat hin im Training immer wieder an die Schmerzgrenze heranzugehen, vielleicht sogar einen Tick darüber hinaus. Es ist aber meist nur mit Erfahrung und dem wachsenden Gespür für den eigenen Körper möglich, diesen Drahtseilakt erfolgreich zu gehen, ohne sich zu viel zuzumuten und abermals abzustürzen. Darum wird die Entwicklung vieler Nachwuchstalente in diesen Phasen einer Karriere oft stark belastet, sollte sie eine solche Verletzung ereilen. Denn Unerfahrenheit führt häufig zu Rückschlägen, ein mühevoller und psychisch stark belastender Prozess der Heilung hat begonnen. Wenn ich mich zurückerinnere, fallen mir nur wenig Spieler in Constantins verschiedenen U-Mannschaften ein, die keine Verletzung oder wachstumsbedingte Probleme hatten. Es trifft also fast jedes Talent einmal mehr oder weniger hart. Auch unser Sohn zählte dazu, was alles auf die Probe stellte.

„Wenn ich mich zurückerinnere, fallen mir nur wenig Spieler in Constantins verschiedenen U-Mannschaften ein, die keine Verletzung oder wachstumsbedingte Probleme hatten.“

Ich deutete es bereits an. So wunderbar das Jahr 2015 verlief, so grausam hart wurden die darauffolgenden langen Monate. Und als wäre es gestern gewesen, fällt mir die Silvesternacht des Jahreswechsels 2015/16 ein, als Constantin unserer Familien-WhatsApp-Gruppe eine Botschaft im Überschwang seiner Gefühle sendete. Es läuft alles so wunderbar, stellte er fest, dankte uns allen und meinte, gemeinsam könne man im Leben einfach alles erreichen. Es fühlte sich für ihn und uns alle ja auch tatsächlich so an. Und in dieser Euphorie ließ ich mich kurze Zeit später dazu hinreißen, Constantin ein Jahr des raschen Aufstiegs vorauszudeuten. Die Zeichen standen ja gut, und tatsächlich sollte bald schon auf höchstem

Niveau die regelmäßige Arbeit beginnen. Schritt für Schritt war dann der Weg ins Profilager geplant, die U23 würde maximal zu einer Durchgangsstation werden. So viel zur Theorie.

Ich sollte meine Prophezeiung bald bitter bereuen. Denn 2016 meldete sich bei Constantin ein heimtückischer Schmerz zurück, der sich bereits im so erfolgreichen Vorjahr eingeschlichen hatte, mal kam, mal ging, dann wieder zurückkehrte. Beschwerden an der Patellasehne seines Knies. Vielleicht kennen Sie dies selbst. Denn es ist nicht nur eine fußballtypische Reizung, sondern tritt im Alltag bei vielen Menschen auf. Heute weiß ich, dass die Ursachen dafür häufig nicht beim Knie, sondern ganz woanders liegen. Es kann die Fehlstellung eines Fußgelenks sein, es kann aber genauso mit der Hüftmuskulatur, den Nackenwirbeln, ja sogar mit dem Kiefer zu tun haben. Eine Schmerzbehandlung der entzündeten Sehne wird dann nicht zu dauerhaftem Erfolg führen.

Jörg, unser Berater, kennt sich als ehemaliger Fitness- und Athletiktrainer bei Borussia Mönchengladbach mit solchen Verletzungen aus. Er erklärte es mir einmal sehr anschaulich: Muskeln, Sehnen und Bänder bedienen unseren Bewegungsapparat, beugen und strecken die Gelenke. Dabei sind sie entweder aktiv, also angespannt, oder passiv im Ruhezustand. Im Normalfall sollte die Statik unseres Körpers ausbalanciert und im Gleichgewicht sein. Dann ist es für einen Leistungssportler nach der Höchstbelastung möglich, in Kürze wieder zu regenerieren, also zu entspannen. Wenn aber zum Beispiel ein Muskel verkürzt oder nicht im richtigen Maße entwickelt bzw. austrainiert ist und wenn die Statik des Knochenbaus nicht stimmt, wofür ein verkürztes Bein oder schon die leichte Fehlstellung des Fußes Ursachen sein können, kommt die Muskulatur nicht mehr zur Ruhe. Dann stehen manche Bänder und Sehnen immer unter Zug. Kommt dazu Höchstbelastung, beispielsweise bei einem Torhüter im Bereich der Knie – er ist ja im Training und Spiel ständig in gebeugter Haltung – wird diese Dauerbelastung am Sehnenansatz irgendwann zu einem Entzündungsherd. Dort ist nämlich bei jedem Menschen die schwächste Stelle und damit die höchste Belastung. Das kommt nicht schlagartig, sondern über Wochen, und vergeht auch nicht in Tagen. Denn das Problem ist die mangelnde Durchblutung unserer Sehnen und Bänder, anders als bei den Muskeln. Dafür gibt es Maßnahmen wie Stoßwellen oder eine Eigenbluttherapie, die aber meist als letztes Mittel zum Einsatz kommt.

8.1 Medizinmänner, sture Eltern, Zweitbefunde

In Constantins Fall schlich sich die Entzündung der Patellasehnenspitze über die Dauer hoher Belastungen im Jahr 2015 ein. Üblicherweise werden Schmerzen zunächst konservativ behandelt. Das bedeutet nichts anderes als eine Zwangspause. Der Spieler wird einige Wochen im Training aussetzen, muss schauen, konditionell und auch muskulär nicht zu stark abzubauen. Das Tückische aber, wie zuvor beschrieben: Ist die eigentliche Ursache des Schmerzes nicht erkannt, sind Rückschläge trotz Belastungspausen programmiert. So auch bei Constantin, bei dem zunächst eine Schleimbeutelentzündung im Knie diagnostiziert wurde. Eine längere Pause erbrachte nur kurzfristige Besserung, nachdem er wieder trainierte und spielte. Eine spätere Zweitdiagnose an der Uniklinik ergab dann, dass die Reizung tatsächlich an der Patellasehne lag und schon recht ausgeprägt war. So zogen bereits die ersten Wochen ohne eine erfolgreiche Behandlung ins Land. Es folgten wieder längere Pausen, nächste Gehversuche mit Training und Spiel, daran anschließend Heilungsversuche mit Stoßwellen direkt am Knie. Auch diese Maßnahmen führten nicht zu den gewünschten Ergebnissen. Und inzwischen waren bereits Monate vergangen.

Es war in der damaligen Phase ein schwieriger Lernprozess für alle Beteiligten. Denn Constantins Leistungen stimmten 2015 trotz aller Beschwerden, und wer einmal in seinem Leben die Möglichkeit erhält, eine Europa- und Weltmeisterschaft zu spielen, wird auf Garantie alles daransetzen, dabei zu sein – auch wenn etwas zwickt. Außerdem ist der DFB ja mit Ärzten und Physiotherapeuten pro U-Mannschaft bestens ausgestattet, also alles immer unter medizinischer Kontrolle. Vereine sollten darauf genauso vertrauen wie Spieler und Eltern, ein ständiger Austausch über den Gesundheitszustand der Talente sollte Normalität sein. Ich will offen und ehrlich gestehen, dass ich daher in dieser Zeit ganz bei meinem Sohn war, obwohl der Verein es lieber gesehen hätte, er wäre wegen des Knies nicht nach Chile zur WM geflogen. Tatsächlich führte eine Gemengelage unterschiedlichster Positionen, Meinungen und Erfahrungen zwischen Eltern, Verband und Verein in der Folgezeit zu einigen Spannungen. Denn tatsächlich hatte sich Constantin eine sehr hartnäckige Entzündung eingefangen. Vorwürfe blieben nicht aus. Das Wichtigste damals war, dass wir im Gespräch blieben, die Dinge aufarbeiteten und ausräumten. Rückblickend ist es auch müßig, eine Schuldfrage zu stellen. Vielmehr möchte ich das Erlebte zum Anlass nehmen und alle in die Talentförderung eingebundenen Parteien ermutigen, zu prüfen, wo es im Dreieck „Spieler/Eltern – Medizinische Versorgung – Vereins-/Verbandsinteressen" Optimierungspotenziale gibt, um bei Verletzungen nicht neben- oder gar gegeneinander, sondern miteinander zu arbeiten. Denn eines dürfen Sie mir glauben: Eltern liegt das Wohl und die Gesundheit ihrer Kinder nicht nur am Herzen, sie hat alleroberste Priorität und wird im Ernstfall selbst in die Hand genommen. Notfalls auch gegen die Interessen oder vorhandenen Strukturen eines Fördersystems, das bestimmt vieles gut macht, aber gewiss auch nicht perfekt ist.

„Das Wichtigste damals war, dass wir im Gespräch geblieben sind, die Dinge aufarbeiteten und ausräumten."

Constantin ist bei weitem kein Einzelfall. Ich habe in den letzten Jahren zahlreiche Gespräche mit Eltern verschiedener Vereine, aber auch mit Funktionsträgern im Leistungssport geführt, die ähnliche Erfahrungen sammelten. Zwar alle auf ihre Art und Weise, aber in letzter Konsequenz mit der gleichen Erkenntnis: Im medizinischen Bereich scheinen Optimierungspotenziale zu existieren, um die Entwicklung Heranwachsender zu begleiten, die ständig auf einem sehr hohen körperlichen Leistungsniveau bestehen sollen und wollen. Das betrifft die Kommunikation wie auch die Versorgung. Dazu ein konkreter Ansatzpunkt: Die Richtlinien für die Errichtung und Unterhaltung von Nachwuchsleistungszentren fordern von den Vereinen beim Personal die Festanstellung von Physiotherapeuten, was absolut nachvollziehbar ist. Auch ein Psychologe zählt seit längerer Zeit dazu. Die Einstellung eines Facharztes oder Sportmediziners wird allerdings nicht aufgeführt. Diese Personalie kann ein „in räumlicher Nähe zum Leistungszentrum ansässiger und in geeignetem Maße verfügbarer Arzt abdecken". So steht es im gültigen Regelwerk für Profivereine. Darum kommt es häufig zu Kooperationen mit ansässigen Fachärzten oder auch sportmedizinischen Abteilungen von Kliniken, die bei Bedarf gerufen oder aufgesucht werden, möglicherweise eine wöchentliche Sprechstunde haben. Dort wird ohne Zweifel überall eine medizinisch tadellose Arbeit geleistet. Woran es jedoch häufig mangelt, sind genügend Humanressourcen. Denn die Zeit selbstständiger Fachärzte oder in Klinikbetrieben beanspruchen vor allem Patienten, die nicht von einem Profiverein kommen. Sie bedeuten das Tagesgeschäft. Wenn man aber bedenkt, wie viele Nachwuchstalente ein NLZ in einer Saison besuchen, ich tippe einmal im Schnitt auf 180 bis 200 Jugendliche, zuzüglich der Perspektivspieler einer U23, ist ein festangestellter Facharzt garantiert nicht unterbeschäftigt. Erweitert man den Kreis um die Profimannschaft, wäre sogar eine medizinisch physiotherapeutische Fachabteilung gerechtfertigt. Zum einen, weil es bei den heute hohen Leistungsanforderungen im Trainings- und Spielbetrieb permanent verletzte Spieler gibt. Und zum anderen geht es ja nicht nur um das Eingreifen und Reagieren im Verletzungs- oder Krankheitsfall. Einer dauerhaften

Präventivbegleitung hochbelasteter Jugendlicher, die dazu die Phase der Pubertät und körperlichen Entwicklung durchlaufen, sollte nach meinem Dafürhalten eine besondere Priorität eingeräumt werden. Noch dazu müssen die Spieler immer früher „reif" für das Profigeschäft sein, weshalb ihrer Gesundheit von Körper und Geist eine besondere Beachtung geschenkt werden muss.

In Constantins Fall war der Verlauf seiner Verletzung kein einfacher. Tatsächlich machte er im Jahr 2016 kein Bundesliga- oder Länderspiel mehr für seine beiden U19-Mannschaften. Sein Durchhaltevermögen wurde damals auf eine harte Probe gestellt. Nachdem alle konservativen Rehamaßnahmen nebst Stoßwellentherapie zu keiner dauerhaften Heilung beitrugen, entschieden sich die Ärzte für eine sogenannte ACP-Therapie (Autologes Conditioniertes Plasma). Dabei wird in mehreren Sitzungen Plasma aus Eigenblut hergestellt und direkt an den Entzündungsherd gespritzt, um den Heilungsverlauf zu beschleunigen. Es hörte sich vernünftig an. Dennoch bat ich darum, eine Zweitmeinung einholen zu dürfen. Ich war einfach unsicher und suchte Hilfe. Aus den gesammelten Erfahrungen der letzten Jahre rufe ich den Erziehungsberechtigten eines Talents – auch aus psychologischen Gründen – im Zweifelsfalle zu: Wenn es wegen einer langwierigen Verletzung im Kopf Ihres Kindes irgendwann zu arbeiten beginnt und graue Gedanken aufziehen, haben Sie den Mut zu einer medizinischen Zweitmeinung. Das ist übrigens das gute Recht jedes Spielers. Bei Freiburg war man damals dafür offen, und Ärzte sowie Physiotherapeuten unterstützten den Schritt, den wir dann auch gingen. So kann eine Kooperation im Tagesgeschäft umgesetzt werden. So fragte ich seinerzeit Hansi Flick um Rat, weil ich selbst keinen Kniespezialisten kannte. Als ich ihn erreichte, war er mit der U21-Nationalmannschaft gerade auf dem Weg zur

„Es hörte sich vernünftig an. Dennoch bat ich darum, eine Zweitmeinung einholen zu dürfen. Ich war einfach unsicher und suchte Hilfe."

EM-Qualifikation nach Finnland. Mit an Bord: Dr. Marc Trefz, der Teamarzt. Der kannte Constantin schon von früheren U-Lehrgängen, was natürlich eine glückliche Ausgangssituation bedeutete. Ihn schlug Hansi vor.

Eine Woche später saßen wir in München in seiner Praxis. Er nahm sich sehr viel Zeit, kam zu den überwiegend gleichen Erkenntnissen wie die Ärzte der Freiburger Uniklinik. Für die weitere Behandlung die eigentliche Ursache betreffend hatte er aber noch den einen oder anderen Vorschlag, der mit dem Verein abgestimmt wurde. Ihm fiel außerdem auf, dass Constantins Schuheinlage, die wir selbst bei einem Orthopäden anfertigen ließen, für seine gesamte Statik eher hinderlich als unterstützend wirkte. Im normalen Alltag eines Jugendlichen wäre das wohl nie aufgefallen. Bei Leistungssportlern können die Auswirkungen einer zu harten oder zu weichen Einlage langfristige Folgen haben. Vor allem war aber ein Satz von Dr. Trefz entscheidend: „Constantin – Du wirst wieder völlig gesund. Ich kann Dir zwar nicht sagen, wie lange es noch dauert, aber es gibt absolut keinen Grund für negative Gedanken!“ Und er sollte recht behalten. Dies aber nach langer Zeit des Leidens von jemandem zu hören, der neutral ist und nicht aus dem sozialen Umfeld oder von Vereinsseite kommt, ist wie Balsam für eine angeknackste Talente-Seele, und es macht neuen Mut.

Nach Abschluss der ACP-Therapie und einem anschließenden Rehaprogramm stieg Constantin Ende Oktober wieder langsam ins Training ein. Erst mit seinem Athletiktrainer, anschließend mit seinem Torwarttrainer der U23. Zu Beginn noch in kleinen dosierten Einheiten, maximal 30 Minuten und auch im Individualtraining. Dann sich langsam steigernd. Dabei waren die Rückmeldungen stets positiv. Endlich wieder auf dem Platz zu stehen, schien zusätzlich enorme Motivation auszulösen. Und wenn auch noch nicht alles klappte, so brach immer wieder der Ehrgeiz bei Constantin durch, noch ein klein bisschen mehr machen zu wollen. Der Torwarttrainer meinte, er hätte nach so langer Zeit einen größeren Leistungseinbruch bei der Torwarttechnik erwartet. Aber anscheinend ist es wie beim Fahrradfahren, das man auch nicht mehr verlernt. Kondition fehlte natürlich noch. Das Wichtigste aber: Das Knie hielt. Zwar gab es nach dem Training zeitweise noch Schmerzen Die waren aber anderer Natur, wie Constantin es beschrieb. Er hatte gelernt, in seinen Körper hineinzuhören und die Signale zu deuten. Und bestimmt gehörte zu den jetzigen Schmerzen auch der eine oder andere Muskelkater – der schönste Schmerz für einen Sportler. Denn der lässt jeden seinen Körper fühlen und zeigt, es gibt Fortschritte. Das Torwarttraining wurde durch den Athletiktrainer mitgesteuert und von Arzt sowie Physio mit begleitet. So nahm ein echtes Seuchenjahr doch noch ein gutes Ende.

8.2 Dafür war es gut

Es soll bekanntlich alles im Leben für etwas gut sein, sogar eine Verletzung. Jeder, der es überstanden hat, geht meist gestärkt daraus hervor. Denn man lernt in einer solchen Phase, die Signale des eigenen Körpers schneller zu registrieren, zu deuten, um darauf künftig richtig zu reagieren, keine unkalkulierbaren Risiken mehr einzugehen. Der Körper ist das wichtigste Kapital eines Leistungssportlers, der für Höchstleistungen regelmäßig an seine Grenzen und darüber hinausgeführt wird. Das verlangt regelmäßige Auszeiten, vor allem in der Wachstumsphase junger Talente. Idealerweise sind es dann Regenerationszeiten, die eine vernünftige Trainingssteuerung vorsieht. Ab und an nimmt sich ein Körper aber seine Auszeit selbst

> **„In dieser Zeit braucht ein Leistungssportler neben seinem Verein vor allem Menschen in seinem sozialen Umfeld, die es mit ihm durchstehen, die ihn auffangen und die auch einstecken können, die Motivationskünstler sind, die aber vor allem Geduld und einen sehr langen Atem haben."**

oder wird durch Fremdeinfluss „beschädigt“. In dieser Zeit braucht ein Leistungssportler neben seinem Verein vor allem Menschen in seinem sozialen Umfeld, die es mit ihm durchstehen, die ihn auffangen und die auch einstecken können, die Motivationskünstler sind, die aber vor allem Geduld und einen sehr langen Atem haben.

Für Constantin lieferte die trainingsfreie Zeit 2016 einen anderen unerwarteten Nutzen, nämlich den Spielraum, sich in Ruhe auf sein Abitur vorzubereiten. Wahrscheinlich hätte er darauf zwar lieber gerne verzichtet, es irgendwie „dazwischen gequetscht“. Aber es hat sich im Nachhinein bezahlt gemacht. Und so fuhren Emma, Maximilian, Susanne und ich Ende Mai 2016 zu seiner Abi-Abschlussfeier nach Freiburg ins Rotteck Gymnasium. Es war ein sehr schöner Abend, gemeinsam mit Lehrern, Eltern der Abiturienten und mit Dardan und Luca aus Constantins Klasse, die ebenfalls ihre Reifeprüfung abgelegt hatten. Wir kennen beide schon seit einiger Zeit. Es sind Constantins beste Freunde, seit er in Freiburg auf die Schule gewechselt war. Und sie kümmern sich zusammen mit Alec bis heute umeinander. Es ist gut zu wissen, wenn Dein Kind zuverlässige Freunde hat.
Susanne und mir ging an diesem Abend aber noch mehr durch den Kopf. Wie alle Talente im „System Fußball“ hatte auch unser Junge in jungen Jahren schon einiges geleistet. Ab Klasse 7 bereits zum Fußballspielen in Freiburg, drei Jahre pendeln, dann der Umzug, eine neue Schule, weiterhin Leistungsfußball plus DFB, den Führerschein gemacht und einen Abschluss mit einer 2 vor dem Komma – wie geplant. Eine reife Leistung, nein, eine außergewöhnliche Leistung, die auf einem langen Weg in der Talentförderung von jedem erbracht werden will.

Tatsächlich habe ich im Laufe der Zeit erlebt, dass manches Talent die geplante Schulkarriere der Fußballkarriere unterordnete und auf halbem Weg mit einer Zwischenprüfung abbrach. Andere haben den Abschluss versucht, sind aber leider gescheitert. In Freiburg legte man zu Constantins Internatszeit großen Wert auf die duale Ausbildung, prüfte Zeugnisse, half jedem bei Engpässen mit Sonderschichten, ordnete sogar Trainingseinheiten dem Lernen unter, falls es bei einem Spieler einmal eng wurde. Aber sogar in einem solchen Umfeld liegt die Quote der Absolventen lange nicht bei 100 Prozent. Jugendliche, die egal wo ein solches Pensum bis zum Ende durchgezogen haben, wird im späteren Berufsleben nichts mehr erschrecken. Ob es dann zum Profisport gereicht hat oder nicht. Denn wer über Jahre ein wöchentliches Pensum weit über 60 Stunden überstanden hat, der kann über Arbeitszeitkürzungen oder eine 35-Stundenwoche vermutlich nur schmunzeln.

An seinem Abi-Abschlussabend gab es aber einen Wermutstropfen für Constantin. Er hatte zwar bereits bestanden, bekam aber als einziger von gefühlten 150 Absolventen kein Abiturzeugnis überreicht. Denn wegen der Sache mit seinem Knie konnte er die praktische Sportprüfung nicht abschließen, musste also den Nachtermin wählen. Und der lag ein Jahr später! So trat er tatsächlich im Frühjahr 2017 nochmals zur Abiprüfung an – allerdings nur im Sprint, Hochsprung, Ausdauerlauf und der Mannschaftssportart – wie könnte es anders sein – Fußball. Inzwischen kennt er die Nachkommastelle seines Zeugnisses und damit seine Gesamtnote von 2,4. Überreicht wurde es schließlich nicht an der staatlichen, sondern an der Fußballschule im NLZ Freiburg von seinem ehemaligen Sportlehrer und U19-Torwarttrainer. Und gleichzeitig wurde eine Wettschuld beglichen, wenn ich einmal aus dem Nähkästchen plaudern darf. „Wenn Du besser abschneidest, als ich damals bei meinem Abitur und gleichzeitiger Fußballausbildung, dann gebe ich ein Essen aus – sonst bist Du dran!" Die Motivation seines Mentors hatte bei Constantin ihre Wirkung nicht verfehlt. Denn nur wer auch in der Schule bis zum Ende durchzieht, hat die Chance auf Erfolg. Und da unser Sohn ehrgeizig, aber auch ein wenig geizig ist, wollte er das Essen zwar haben, aber natürlich nicht dafür bezahlen. Es ging sehr knapp aus, wie ich hörte. Wer eingeladen wurde, das wissen nur die beiden. Nach der Schule und über die gemeinsame Trainingszeit hinaus sind sie zu Freunden geworden, und ich bin Dominik Wohlfarth bis heute für alles sehr dankbar.

9 Der lange Weg zurück

Am 9. Januar 2017 startete dann die Vorbereitung zur Rückrunde. Zwar noch U19 spielberechtigt bis Ende der Saison 2016/17, war Constantin planmäßig aber in den Kader der U23 aufgerückt. Das hieß, Umstellung vom Junioren- auf den Seniorenfußball. Zunächst erst einmal für das Training. Das Team hatte mit dem geplanten Wiederaufstieg in die Regionalliga Südwest einen klaren Auftrag – wofür sehr hart gearbeitet wurde. Überhaupt scheint es in der Intensität und auch Professionalität kaum Unterschiede zwischen einem Seniorennachwuchsteam und dem Profikader zu geben.

Nach seiner langen Auszeit und durch den Sprung in den Seniorenfußball wurden für Constantin die Unterschiede bald deutlich. Vor allem, wie er einmal aus Sicht des Torhüters sagte, unterscheidet es sich durch Schnelligkeit, körperliche Belastung, die Härte im Spiel und bei den Abschlüssen. Aber auch die Anforderungen an das Spiel steigen nochmals deutlich zur U19. Nach abgelegtem Abitur war er jetzt auch nicht mehr in der Schule, in der Zwischenzeit sogar aus dem Internat aus- und in eine eigene Wohnung mitten in der Stadt eingezogen. Da galt es vor allem, einen neuen Rhythmus in der freien Zeit zu finden und zu lernen, was Körper, Geist und Seele guttut – ohne auf die zurückgewonnenen Freiheiten der Jugend verzichten zu müssen. Diese Übung ist schwer, sogar ein Punkt, an dem Talente noch scheitern können, wenn sie glauben, es schon geschafft zu haben. Das ändert sich häufig über die Jahre mit den wachsenden Erfahrungen im Profifußball oder durch eine spätere Familienplanung. Aber mit 16, 17, 18 oder 19 ist man davon noch sehr weit entfernt.

Der Wechsel in die U23 wurde zu einer harten Probe, zumal es ja auch noch ein Jahr aufzuholen galt. Aber Constantin hatte sich so weit durchgebissen, machte Fortschritte, wie wir von ihm und seinen Trainern hörten. Werden die Jungs erwachsen, ist man leider irgendwann sehr weit weg und schon lange nicht mehr bei Trainingseinheiten am Platz, um sich selbst ein Bild zu machen. Man kann nur Vertrauen haben und auf die zunehmend wachsende Selbstverantwortung seines Kindes bauen. Aber es gibt auch Fakten, die man mitbekommt. So bestritt er in der vor Saisonbeginn die ersten Einsätze in Vorbereitungsspielen. Mal nur eine Halbzeit, mal ein ganzes Spiel. Dann war er auch gegen das KSC-Profiteam im Kader, und schließlich stand der Rückrundenauftakt der U19 auf dem Plan, für die er ja weiter spielberechtigt war.

Der 17. Spieltag der Juniorenbundesliga Südwest wurde für Constantin zu seinem Comeback. In Ingolstadt ging es um 11 Uhr auf dem Nebenplatz 5 um die Punkte. Es war ein kalter, aber trockener Vormittag, nicht ganz so prickelnd für einen Torwart und schon gar nicht für die Zuschauer. Das störte aber nicht, denn was jetzt zählte, war sein erstes Spiel – nach 18 langen Monaten! Susanne und ich waren etwas nervös. Constantin informierten wir erst nach dem Abschlusstraining und der Anreise seiner Mannschaft über unser Kommen. Er war sehr überrascht, aber glücklich, uns dabei zu haben. Und es war, als wäre er nie weg gewesen. Die mangelnde Spielpraxis merkte man ihm in der einen oder anderen Situation zwar noch an. Aber sein Torwartspiel war schon wieder auf einem hohen Niveau. Sehr viele spielerische Lösungen, lange Bälle nur wenn notwendig, dann aber mit links und rechts gleichermaßen gut. Und auch seine Kommandos waren lautstark zu hören. „Jetzt wissen wir, was so lange gefehlt hat“, sagte die Mutter eines Teamkollegen, die neben uns stand. Das Spiel ging 0:0 aus, trotz drückender Überlegenheit der Freiburger. Die Punkte hätten im Abstiegskampf sehr gutgetan. Aber ganz ehrlich: Für uns zählte an diesem Tag, dass das Comeback glückte und seine Langzeitverletzung ausgestanden war. Dafür hatte er sich

> **„Was jetzt zählte, war das erste Spiel – nach 18 langen Monaten!“**

allerdings den Rücken ordentlich geprellt. Erst ein Sturz nach einer Rettungstat, dann noch ein Tritt des Gegners. Zum Glück waren danach zwei Tage trainingsfrei.

9.1 Jetzt heißt es beißen

Die kommenden Wochen verliefen gut. Allerdings machte Constantin in dem einen oder anderen Spiel die Erfahrung, dass sich ein verlorenes Jahr nicht auf die Schnelle aus den Kleidern schütteln lässt. In dieser Phase bekam er seitens der Profiabteilung die Information, man habe für die kommende Saison mit dem dritten Torwart nochmals verlängert, gleichbedeutend damit, dass die Nr. 3 bei den Profis vorerst anderweitig besetzt bleibt. Ohne die Zwangspause war eigentlich Constantin dafür vorgesehen. Durch seine lange Ausfallzeit fehlte ihm trotz seiner erst 19 Jahre aber ein Jahr Entwicklung im Übergang hin zum Seniorenbereich. Darum ging der Verein jetzt kein Risiko ein, vielleicht auch wegen der drohenden Mehrfachbelastung durch die mögliche Teilnahme an der Europa League der Freiburger in der anstehenden Spielzeit. Gleichzeitig wurde Constantin aber klar bedeutet, man halte weiter an der Planung fest – und zu ihm. Darum wird er in der kommenden Saison weiter in der U23, dann hoffentlich in der Regionalliga spielen, sich wieder heranarbeiten, um zu einem späteren Zeitpunkt aufzurücken. Voraussetzung natürlich: Leistung und Belastbarkeit sind wieder zu 100 Prozent hergestellt. Man habe aber keine Zweifel, dass Constantin seinen Weg gehen werde.

Constantin ist extrem ehrgeizig. Als er uns das mitteilte – natürlich per WhatsApp –, waren Enttäuschung, Verärgerung, Zweifel und Wut bei ihm greifbar. Er wollte mit niemand von uns reden. Es ist in solchen Momenten schon brutal für Mutter und Vater. Helfen hätten wir nicht können, aber wenigstens da sein für ihn. Aber er war ja in Freiburg, wir in Sasbach. Ich sprach auch mit Jörg darüber. Seine fachliche Analyse fiel dann positiv aus. Die Verlängerung solle den 3. Torhüterplatz für Constantin freihalten. Man plane weiterhin mit ihm und baue auf ihn. Er soll in der nächsten Saison wann immer möglich zum Training hochgezogen werden, volle Belastbarkeit vorausgesetzt. Aber das verlorene Jahr hing jetzt nach und ist nicht von heute auf morgen zurückzuholen. Vor allem bei einem Torhüter. Denn was meinte Jörg einmal? „Dir fehlen ein paar tausend Bälle, die Du im letzten Jahr in Training und Spiel nicht geschlagen oder gefangen hast!" Es hieß für Constantin, die Situation anzunehmen und als Herausforderung zu sehen. Da er der Charakter „Einmal hinfallen, zweimal aufstehen" ist, glaubten Susanne und ich ganz fest daran und natürlich auch an ihn. Genauso wie auch an seinen Bruder Maximilian. Der hatte im Oktober 2016 sein duales Studium Sportmanagement begonnen. Seither lebte er nur noch in Teilzeit zu Hause und während der Studienzeiten in Freiburg – zusammen mit seinem Bruder in der WG Frommann.

9.2 Reifen bedeutet, „nein" sagen zu lernen

In diese Zeit fiel eine Entscheidung, die Constantin auf eine große Probe stellte und am Ende zeigte, wie reif er inzwischen geworden war. Anfang Mai luden der damals neue sportliche Leiter des NLZ Freiburg, Torwarttrainer sowie Chefscout Constantin und mich zu einem Gespräch. Es ging um den anhaltenden Nominierungswunsch des damaligen Bundestrainers der U19 für einen Vorbereitungslehrgang zur EM 2017 in Spanien. Bis zu diesem Zeitpunkt hatte Constantin seit der WM in Chile 2015 wegen seiner Verletzung tatsächlich nur noch ein einziges U18-Freundschaftsländerspiel gegen Frankreich bestritten. Auf Vereinsseite versuchte man uns deutlich zu machen, dass man es lieber sähe, wenn Constantin diesen Lehrgang nicht besuche. Denn man gehe davon aus, eine Lehrgangsteilnahme sei gleichzusetzen mit einer EM-Nominierung. Eigentlich doch eine schöne Nachricht, dachte ich. Warum also diese Haltung? Es wurde nach einiger Zeit deutlich, dass man einfach Angst davor hatte, es könnte über die Wochen der Vorbereitung plus EM zum Aufbrechen der alten Verletzung kommen. Und man war sich wohl auch unsicher, ob Constantin vielleicht unvernünftig handeln würde, trotz eventueller Schmerzen unbedingt wieder international spielen zu wollen. Aufgrund der zurückliegenden Geschehnisse war die Sorge einerseits nachvollziehbar. Andererseits hatte Constantin eine lange Leidenszeit hinter sich und wäre nicht nur unvernünftig, sondern dumm gewesen, aus dem Erlebten nichts gelernt zu haben. Ein weiteres Argument, das aus Vereinssicht gegen die Teilnahme sprach, war das Versäumen der U23-Regionalligavorbereitung und das aus der Handgeben der Trainingssteuerung. Eine Junioren-EM ist trotz Glanz und hohem Spielniveau nicht gleichzusetzen mit der harten Vorbereitungsphase eines professionell arbeitenden Seniorenteams.

Wir diskutierten offen und einigten uns schlussendlich auf folgenden Kompromiss: Wegen der Freistellungspflicht der Bundesligaclubs für DFB-Maßnahmen musste am Ende Constantin die Entscheidung selbst treffen. Weil er sich zu diesem Zeitpunkt auf einem guten Weg sah, keine Schmerzen hatte, allerdings genau wusste, dass es jetzt erst wenige Wochen Training und Wettkampf waren, bat er um etwas Zeit, falls auch der DFB einverstanden sei. Der Lehrgang sollte auch erst einige Wochen nach unserem Gespräch stattfinden. Müsste er sofort entscheiden, würde er absagen. Vor allem seine klaren Worte, genau zu wissen, was sein Körper kann und was nicht, sowie das absolute Bekenntnis zu seinem Verein haben überzeugt, beeindruckt – mich und ebenso die SC-Verantwortlichen. Und er bekam die Bedenkzeit – vom SC und später auch vom DFB. Ihm wurde versichert, egal wie er sich entscheide, es werde keinen Einfluss auf den weiteren Weg beim SC Freiburg haben. Denn man wolle ihn nach wie vor so bald wie möglich fit und gesund an der Schwarzwaldstraße sehen, um den Schritt ins Profilager zu gehen. Dass er das Zeug dazu habe, dessen sei man sich absolut sicher, wurde mehrfach versichert. Schlussendlich wog Constantin ab – und sagte die zu erwartende Teilnahme an der

U19-EM ab. Es war keine leichte Entscheidung, das spürte man. Seitens des DFB war das Verständnis aber groß, schließlich kannte man die Situation sehr genau. Beim SC ging danach sein U23-Trainer auf Constantin zu und sprach von einer Entscheidung mit großem Charakter, als er hörte, Constantin wolle sich nun ganz auf die Regionalligavorbereitung konzentrieren.
Wie richtig sein Entschluss war, sollte sich einige Wochen später zeigen. „Du, das ist schon noch mal zwei Nummern härter als in der U19. Die Vorbereitung schlaucht ohne Ende, macht aber auch viel Spaß!", sagte er mir am Rande eines Testspiels seiner U23. So gesehen wurde ihm hautnah klar, dass die U19 EM niemals die gleiche Intensität für ihn als Torwart gebracht hätte wie die Vorbereitung mit seinem neuen Torwarttrainer und mit der Mannschaft. Es ging ja jetzt um den Platz als Stammtorwart. Mit 19 Jahren in der Regionalliga die Nr.1 zu sein, wäre ja auch nicht ganz ohne.

10 Kinderfußball ist vorbei

In Freiburg standen im Mai 2017 zwei zeitgleiche Veranstaltungen an. Zum einen der Saisonabschluss mit den Eltern und Spielern der U19, die wenige Tage zuvor ihr allerletztes Junioren-Bundesligaspiel gegen den FSV Mainz 05 bestritten hatte. Zum anderen auch das letzte U23-Spiel der Saison. Und es hieß wieder einmal Abschied zu nehmen von weiteren liebgewonnenen Jungs und deren Eltern, die eine lange Zeit den Weg mitgegangen waren. Leider haben nicht alle Anschlussverträge für die U23 erhalten. Diese feierte nach einer tollen Saisonleistung den direkten Wiederaufstieg in die Regionalliga. Constantin stand erstmals im Kader und auf dem Platz. Zwar nur, um den aktuellen Keeper warm zu schießen, der den Verein danach in Richtung dritte Liga verließ. Aber er war

> **„Und es hieß wieder einmal Abschied nehmen, von weiteren liebgewonnenen Jungs und deren Eltern, die eine lange Zeit den Weg mitgegangen waren."**

das erste Mal beim Seniorenteam dabei. Und dann die Freude nach 90 Minuten. 3:0: gewonnen, Aufstieg in die Regionalliga Südwest und Feiern ohne Ende. Als kleine Randnotiz sei vermerkt: Es war Constantins erste Meisterschaft, seit er 2010 zum SC Freiburg gekommen war. Das zeigt ein wenig, wie die Jahre des Jahrgangs 1998 verliefen. Ziemlich unruhig über die gesamte Dauer. Trotz wirklich vieler guter Spieler reichte es nie zu einem Erfolg. Und nur drei weitere Jungs überstanden gemeinsam mit Constantin den gesamten langen Weg von der U13 bis zu den Senioren.

Am 29. Mai schloss sich für die U19 des 1998er-Jahrgangs dann endgültig ein langes Kapitel. Es stand das letzte Spiel an: Mit dem SBFV-Pokalfinale zwischen dem SC Freiburg und dem SV Sinzheim war Jugendfußball endgültig Geschichte. Alle SC-Spieler waren nochmals am Start, und der Landesligist Sinzheim schlug sich wirklich wacker. Erst in Halbzeit zwei fiel das 1:0 durch Robin Fellhauer für den SC. Dabei blieb es, und man merkte einigen Jungs an, dass sie am Ende einer langen Saison alle froh waren, als der Schlusspfiff ertönte. Nichtsdestotrotz: Gerade für solche Spiele sich nochmals zu motivieren, ist es, was am Ende einen Vollblutprofi ausmacht.

Natürlich waren wir bei diesem Spiel dabei: Omi, Emma, Maximilian, Susanne und ich. Ein schöner warmer Sommertag in Lörrach. Für den Fußball ist diese Region ein symbolträchtiges Pflaster, kommen doch so klangvolle Trainernamen wie Ottmar Hitzfeld, Jogi Löw oder Christian Streich aus diesem schönen Fleckchen Südbaden, direkt an der Schweizer Grenze. Ein besonderes Wochenende wurde es auch für Emma. Sie fuhr nach dem Spiel mit ihren Brüdern nach Freiburg, wo sie das erste lange Wochenende verbringen durfte – und danach nicht mehr nach Hause wollte. Die Jungs hatten ein spannendes Programm für sie parat. Aber einfach ihre beiden großen Brüder wieder einmal ganz für sich alleine zu haben, hätte wohl schon genügt. Wir sind wirklich stolz auf unsere Kinder. Und es ist gut, nein, es ist wichtig, dass es eben auch ein

Familienleben neben dem Fußball gibt – besser noch vor dem Fußball. Genau das macht junge Menschen stark, bereitet sie auf das Leben vor. Persönlichkeitsentwicklung nennen es die Experten. Und ließe man jungen Talenten und Jungprofis etwas mehr unbeobachteten Freiraum, könnte sich die Persönlichkeit bei vielen von ganz alleine entwickeln. So bräuchte es seltener Sportpsychologen, Mentalcoaches, Motivationstrainer oder Lebensberater. Tatsächlich verbreiten sich diese Angebote in der Talentförderung und im professionellen Fußball immer mehr und werden immer wichtiger.

10.1 Eine unverzichtbare Zwischenstation

Für die 1998er Jungs gab es in diesem Sommer 2017 vier Wochen Pause. Eventuelle Familienurlaube haben sich nach den Terminplänen des Fußballs zu richten, wenn man alle seine Kinder dabeihaben will. Dann folgte schon wieder der Start der Regionalligavorbereitung mit der U23. Ein hartes Stück Arbeit, denn die Regionalliga Südwest war in der Saison 2017/18 wieder stark besetzt. Saarbrücken, FSV Frankfurt, Mainz II, Hoffenheim II, Stuttgart II, Stuttgarter Kickers, Kickers Offenbach, SSV Ulm 1846, ... man könnte die Reihe aktueller oder ehemaliger Bundesligisten fortsetzen. Entsprechend sollte es starke Gegner und Auswärtsspiele vor stattlicher Kulisse geben. Eigentlich ist diese Zwischenstation genau das richtige Terrain für angehende Jungprofis, die sich beweisen wollen.

Am 19. Juli 2017 hatte Constantin den nächsten Schritt geschafft. Zum Saisonauftakt stand er als Nr. 1 im Tor gegen Astoria Walldorf, ein SAP-Ableger und Satellit der TSG Hoffenheim. Vergangenes Jahr belegte das Team Rang 11, also ein echter Gradmesser. Es war ein ziemlich ausgeglichenes Spiel, mit größeren Chancen allerdings bei unserer Mannschaft. Constantin machte seine Sache gut, war in sich ruhend, dennoch lautstark in der Organisation und präzise im Spielaufbau. Echte Möglichkeiten, sich auszuzeichnen, gab es keine.

Am Ende stand es 0:0. Sein erstes Spiel verlief also ohne Gegentor. Im Laufe der Zeit festigte er seinen Stammplatz in der U23. Trotzdem: Mit 19 Jahren ohne Erfahrungen im Seniorenfußball ist die Umstellung schon noch spürbar. Bei ihm, ebenso bei allen anderen Frischlingen. Genau das muss man einem Nachwuchstalent zugestehen und ihm Zeit geben, Erfahrungen zu sammeln und sich zu entwickeln. Es braucht das Vertrauen seiner Trainer. Constantins Selbstbewusstsein und Selbstvertrauen waren aber wieder voll da. Und obgleich man das Nachbarschaftsderby gegen den VfB Stuttgart II mit 4:2 verlor, schlug dies nicht auf sein Gemüt, zumal es auch hätte anders ausgehen können. Bei den Gegentoren war in diesem Spiel aber zu sehen, was bei ihm noch entwicklungsfähig war. Sprungkraft, Reaktionsschnelligkeit und Körperlichkeit. Denn der Seniorenfußball ist tatsächlich noch schneller als bei den A-Junioren, härter und kraftvoller. Schon jetzt in der Regionalliga und erst recht dann im Profilager. Das war ihm inzwischen bewusst, und er hatte diese Herausforderung mit Respekt und Ehrgeiz angenommen. Es gab aber auch schon die ersten Highlights wie die Siege gegen die zwei favorisierten Teams aus Mannheim und Saarbrücken, die später die Aufstiegsspiele bestreiten sollten.

„Mit 19 Jahren ohne Erfahrungen im Seniorenfußball ist die Umstellung schon noch spürbar.“

10.2 Der DFB vergisst dich nicht

Besonders freute ihn aber, dass auch der DFB weiter auf ihn zählte. Ende August startete die internationale Spielerunde, zu der unser Sohn nach langen 18 Monaten des Wartens eine Nominierung erhielt. Der DFB vergisst seine Talente nicht, das wurde mir in dieser Zeit nochmals bewusst. Susanne und ich waren außerdem glücklich, dass er wieder einmal einen Tapetenwechsel hatte. Es tat sicher gut, alte und auch neue Gesichter beim DFB zu treffen. So wie seinen alten SC-Torwarttrainer von 2010, Manuel Schneider, der zu

dieser Zeit im Team der U20 arbeitete. Er würde ihn nun wieder ein Jahr begleiten – nur dieses Mal auf einem ganz anderen Level. So schloss sich abermals ein Kreis. Und nach der U19-EM-Absage hatte der SC jetzt keine Bedenken mehr.
Allerdings gab es ein anderes Problem. Der Regionalligaspielplan ist nicht abgestimmt auf die Länderspielwochen, sah in dieser Zeit ebenfalls Spieltage vor. So sollte Constantin von Beginn des Lehrgangs an beim Nationalteam bleiben, ein Testspiel gegen die Profimannschaft von Greuther Fürth bestreiten, danach aber nicht mit nach Prag zum U20-Länderspiel gegen Tschechien reisen, sondern wieder zur U23 zurückkehren. Der Grund: Es stand das Spitzenspiel gegen den Regionalligatabellenführer Kickers Offenbach an – und der wurde mit 5:1 regelrecht aus dem Möslestadion geschossen. Im November folgte dann aber Constantins erstes U20-Länderspiel gegen die Niederlande, das mit 0:1 gewonnen wurde. Es kamen weitere Engagements in dieser Spielzeit hinzu, und obwohl er lange pausiert hatte, war es, als ob er nie weggewesen wäre.

Das wohl größte Highlight der U20 war in dieser Spielzeit aber das abschließende Trainingslager in Südtirol. Denn alle vier Jahre bestreitet „Die Mannschaft" Vorbereitungswochen zur Fußballweltmeisterschaft und trifft sich seit 2014 in der Nähe von Bozen. 2018 stand die WM in Russland an. Für die Vorbereitung spielte der U20-Nachwuchs mit zwei Testspielen eine wichtige Rolle als Sparringspartner und zur Gegnersimulation. Und es ging darum, die WM-Tauglichkeit von Manuel Neuer nach seiner achtmonatigen Verletzungspause im Wettkampfmodus zu prüfen. Für diese außergewöhnliche Maßnahme wurde Constantin nominiert und flog zusammen mit der U20 an seinem 20sten Geburtstag am 27. Mai 2018 nach Bozen. Einen Tag später standen er und Markus Schubert dann im Tor beim ersten Testspiel gegen „Die Mannschaft". Eine wirklich schöne und besondere Auszeichnung, aber vor allem die erste Begegnung auf und neben dem Platz mit den besten deutschen Fußballern. Im zweiten Testspiel stand Manuel Neuer selbst im Tor der U20, um seine Stabilität gegen das A-Team im Wettkampfmodus zu testen. Danach postete er auf seinem Facebook-Account ein Foto mit den beiden U20-Keepern, der Headline „My team for today" und dem folgenden Text: *„Tut mir leid für meine Torwartkollegen Constantin Frommann und Markus Schubert, dass sie nicht spielen konnten, aber mir tat das Spiel mit der U20 sehr gut heute."*

WM Vorbereitung 2018 der deutschen Nationalmannschaft mit der U20 des DFB als Testspielgegner in Südtirol

10.3 Reinschnuppern ganz oben

Bereits Ende November 2017 begann Constantin auch wieder mit dem Profitorwarttrainer zu arbeiten. Bis zur Winterpause fanden Einzeleinheiten statt. Man war zufrieden. Nach dem Jahreswechsel startete die kurze Vorbereitung der U23. Mit der sollte es in ein Trainingslager nach Spanien gehen, worauf sich alle freuten. „Ihr habt das Spiel ja sicher gesehen. Damit hat sich das Trainingslager in Spanien dann erledigt!", so eine kurze WhatsApp-Nachricht von Constantin nach dem 19. Bundesligaspieltag am 20. Januar 2018. Was war geschehen? Der SC Freiburg spielte zuhause gegen RB Leipzig. Ein denkwürdiges Spiel in der Freiburger Historie, dass die

roten Bullen am Ende mit 2:1 verloren. Mit einer unglaublichen Mannschaftsleistung und Trainerstrategie gelang das Unmögliche. Obwohl im Rückstand, drehte Freiburg die Partie mit zwei Standardtoren. Und dass trotz Ausfällen wie Niederlechner, Franz, Höfler oder Kleindienst – ja und ab der 27. Spielminute dann auch ohne Alex Schwollow. Er prallte in einem Zweikampf mit einem Leipziger Spieler zusammen, musste anschließend vom Platz. Für ihn kam Rafal Gikiewicz, der seine Sache gut machte – nach 17 Monaten auf der Bank. Großen Respekt für diese Leistung. Die genaue Diagnose bei Schwollow stand noch aus, es sah aber nach einem ordentlichen „Pferdekuss" aus, wie man umgangssprachlich sagt. Damit würde er nächstes Wochenende wohl wieder spielen, allerdings die Woche davor nicht intensiv trainieren können. Darum meldete sich Constantins Torwarttrainer noch am gleichen Samstagabend und signalisierte ihm, dass er zu den Profis beordert werde. Das war also die Erklärung zu seiner Nachricht an uns.
Damit wich bei uns dann auch die Enttäuschung über das abgesagte Trainingslager der Vorfreude für unseren Sohn. Und ihm ging es sicher ähnlich. Denn einerseits hatte er sich nach den intensiven ersten Wochen der Rückrundenvorbereitung spitzbübisch auf die Arbeit unter der spanischen Sonne mit seiner U23 gefreut. Der Preis dafür war den Verzicht aber allemal wert. Noch nie durfte er mit dem gesamten Profikader mittrainieren. Bislang beschränkte es sich auf einzelne Torwart-Trainingseinheiten oder das Individualtraining. Das würde nun also der erste Test auf allerhöchstem Niveau für ihn. Eine Woche des Schnupperns, der eigenen Standortbestimmung hinsichtlich bereits Gelerntem und noch zu Lernendem, um auf diesem Level als Torhüter bestehen zu können.

Als wir die Nachricht daheim erfuhren, freuten wir uns unglaublich für ihn. Denn darauf arbeitest du gerade als Torhüter mit viel Geduld und Ausdauer hin – um dann irgendwann eine Chance zu erhalten. Es ist wesentlich schwieriger als bei einem jungen Feldspieler. Es sind nämlich genau drei Positionen bei den Profis im Tor zu vergeben, während im Feld einer mehr oder weniger eine kleinere Rolle spielt und du als Talent immer einmal reinschnuppern kannst. So ist bei Torhütern dann meist des einen Leid, des anderen Freud. Da Schwolow aber keine schwere Verletzung hatte, sollte es die erste richtige Standortbestimmung für Constantin werden, ehe er wieder zu seiner U23 zurückkehren würde.

Jörg bekam einige Zeit nach dieser Maßnahme eine Rückmeldung, was die Trainingswoche bei den Profis angeht. Die gute Nachricht: Technisch, taktisch und fußballerisch ist er bereits auf dem Level seiner Profitorhüter. Das unterstreicht die gute Arbeit der letzten Jahre. Die jetzt aber anstehende Herausforderung: Körperlich und in Sachen Schnelligkeit bzw. Anpassung bei den Profis hat er noch zu tun. Das müsse er aufarbeiten, um damit die notwendige Dynamik fürs Profitraining mitzubringen. Dennoch war man sehr zufrieden mit dem Stand seiner Entwicklung. Das hieß also jetzt Körpermasse aufzutrainieren, und zwar nur dort, wo sie ein Torhüter benötigt.

Das Training war die eine Aufgabe. Es stand aber noch eine andere Übung bevor, auf die ich und auch unser Sohn vor der Erfahrung bei den Profis wohl niemals gekommen wären. Constantin hatte mit einem kleinen Dämon zu kämpfen. Denn abgesehen vom Seuchenjahr 2016 ging es bei ihm ja ständig bergauf. Und er kannte bislang nur vorne, wohin ihn Talent, Ehrgeiz und auch etwas Glück gebracht haben. Bis zur U23 hatte er sich jedes Jahr den Stammplatz im Tor erarbeitet und verteidigt. Und dass auch Qualität dahintersteckt, zeigte die EM 2015 mit seiner Nominierung für die Elf des Turniers.

Das zählt aber ganz oben erst einmal gar nicht mehr. Jetzt, als er bei den Profis zehn Tage dabei sein durfte, war er erst einmal wieder der „Kleine", der mittrainieren darf, der es schon ordentlich macht, der aber noch einiges braucht, um anzukommen. Es hieß also erst einmal, sich hinten anstellen. Das ist auch normal, und jeder, der sich seine Meriten verdienen will, fängt wieder fast bei null an. Ganz egal, ob Fußballer, Jungingenieur, Bäckergeselle oder Polizeibeamter. Überhaupt ist es tatsächlich sehr vergleichbar. Constantin hat mit dem Übergang in die U23 seine Gesellenzeit abgeschlossen. Dauer: acht Jahre. Um aber bei den „Großen" dabei zu sein, gilt es, fortan seinen Meister zu machen. Da reicht es für keinen Fußballer, mit dem Gesellenstatus zufrieden zu sein. Es folgen nochmals harte Jahre, um am Ende irgendwann seinen Meisterbrief ausgehändigt zu bekommen – um weiter in Bildern zu sprechen. Erst dann kommen vielleicht die Herrenjahre. Aber wie soll das ein junger Mensch von 19 Jahren wissen?

„Constantin hat mit dem Übergang in die U23 seine Gesellenzeit abgeschlossen. Dauer: acht Jahre. Um aber bei den Großen dabei zu sein, muss er nun seinen Meister machen."

10.4 Auf dem nächsten Sprung

Inzwischen war die Saison 2017/18 gelaufen. Unsere U23 spielte eine prächtige Runde und schnupperte tatsächlich bis zum vorletzten Spieltag an der Relegation zur 3. Liga. Letztendlich waren es der 1. FC Saarbrücken und Waldhof Mannheim, die die Aufstiegsrunde schafften, dann aber beide an 1860 München sowie KFC Uerdingen scheiterten. Constantins Team schnitt auf einem hervorragenden vierten Platz ab.

Aber unser Sohn war auf dem Sprung. Das bedeutete ab Sommer 2018, Teil des offiziellen Profikaders zu sein und nicht mehr im Möslestadion, sondern an der Schwarzwaldstraße zu trainieren. Ein wichtiger nächster Entwicklungsschritt. Am letzten Spieltag der Saison 2017/18 wurden nach dem 2:0 Heimsieg gegen Augsburg, der für die Profis den Klassenerhalt in der höchsten deutschen Spielklasse bedeutete, die Ersatztorhüter Rafal Gikiewicz und Patrick Klandt verabschiedet. Alexander Schwollow machte weiter, so waren zwei Positionen neu zu besetzen. Die Nummer zwei ging an Mark Flekken, der für die neue Spielzeit 2018/19 vom MSV Duisburg zum SC Freiburg wechselte. Und Constantin wurde dritter Torhüter des Profikaders. Das bedeutete Training mit den Profis und Spielpraxis bei der U23. Ein Umstand, über den er ganz glücklich war. Denn neben dem bestmöglichen Torwarttraining braucht ein Keeper vor allem Einsatzzeiten unter Wettkampfbedingungen, um seine Entwicklung voranzubringen. Die gab es für Constantin zunächst also weiterhin in der Regionalliga. So war es mit dem Verein abgesprochen und der Plan für das anstehende Fußballjahr. Was außerdem folgte, war Constantins Vertragsverlängerung beim SC Freiburg, die Jörg mit dem Verein am 26. Juni 2018 fest machte und unser Sohn dieses Mal ohne unser Zutun besiegelte.

11 Harte Schule des Profigeschäfts

Mit dem Wechsel in den Profikader hat man es noch lange nicht geschafft. Jetzt startet eine neue Zeitrechnung. Lief die Arbeit bislang eher unbemerkt ab, steht man plötzlich im Mittelpunkt des Geschehens. Denn die Öffentlichkeit will Teil haben an ihrem Aushängeschild der 1. Mannschaft. In den höchsten deutschen Spielklassen ist das ein wichtiger Bestandteil des Geschäfts: die Verbindung zwischen Fans und Profis. In Freiburg wird das wie bei anderen Bundesligisten gelebt. Der Unterschied zu vielen anderen liegt aber wohl darin, dass beim südlichst gelegenen Bundesligisten daraus keine Religion gemacht wird. Man ist dabei, fiebert mit und freut sich oder leidet, egal was geschieht. Danach ist es auch wieder gut. In gleicher Weise halten es die regionalen Medien. Sie berichten umfassend vor und nach Spieltagen, machen gelegentliche Portraits, suchen aber nicht nach Sensationsgeschichten oder gar Negativschlagzeilen abseits des Fußballs, nur um für einen Tag eine spektakuläre Headline zu ergattern. Profifußballer wissen diesen Umstand zu schätzen und betonen das auch immer wieder, wenn sie in Interviews nach den Besonderheiten des Breisgau-Clubs gefragt werden.

Wenn ein Jungprofi gelegentlich mit den Spielern arbeiten darf, die er bislang selbst nur aus dem Fernsehen kennt, ist das allein schon aufregend und lehrreich zugleich. Ein Teil der Mannschaft zu werden, hat aber nochmals einen anderen Stellenwert. Das erlebte Constantin ab Sommer 2018 mit Beginn der Vorbereitung. Und erste Highlights ließen nicht lange auf sich warten. Zum „Einschwingen" spielen die Profis ihre ersten Partien meist gegen unterklassige Amateurvereine in der Region. Es sind dann immer schöne Feste mit einigen tausend Zuschauern, die gerne ihren SC wie auch die neuen Spieler sehen möchten. Auf einmal steht dein Sohn da mittendrin im öffentlichen Interesse und ist Teil des

Geschehens. Zum einen auf dem Spielfeld mit ersten Halbzeiteinsätzen bei den Profis. Zum anderen auch neben dem Platz, umringt von Menschentrauben, wenn unzählige Fans gerne ein Autogramm ergattern möchten. Ein wenig kannte Constantin dieses umtriebige Spektakel noch von seinen Zeiten in den U-Teams des DFB. Jetzt war es aber auf einmal beim eigenen Club, für den man als Jugendlicher lange Jahre spielte und hart arbeitete, um genau da einmal zu stehen. Damit bekommen diese Momente nochmals eine besondere Bedeutung.

Ein nächstes Highlight war die offizielle Saisoneröffnung mit dem Familientag Anfang August. 2018 wurde es für Freiburger Verhältnisse zum großen Spektakel, im und abseits des Schwarzwaldstadions. Schließlich feierte man ein kleines Jubiläum: 25 Jahre seit dem ersten Bundesligaaufstieg. Mitten drin in dem aufgebauten Rummelplatz saßen die Spieler und schrieben fleißig Autogramme. Genau dort fanden wir nach einiger Suche auch Constantin, platziert neben Alexander Schwolow, der damals unangefochtenen Nr. 1 in Freiburg. Ein ungewohntes, aber schönes Motiv für uns. Später folgte im Stadion die Vorstellung der neuen Spieler. Als die Nr. 37 aufgerufen wurde, saß die Familie bereits auf der Tribüne. Und Susanne und ich hatten Tränen der Rührung in den Augen. Es war der dritte Torwart, unser Sohn, der jetzt da unten einmarschierte und sich neben Alexander Schwollow und Mark Flekken platzierte. Dort unten in dem Stadion, wo wir schon viele Bundesligaspiele verfolgten. Entweder vor dem Fernseher oder vor Ort zusammen mit 24.000 Fans. Ob es denn reichen würde, dort einmal auch Constantin für ein Spiel zwischen den Pfosten zu sehen? Er dachte in diesem Moment wohl Gleiches. Denn mit der Saison 2020/21 ist das alte Schwarzwaldstadion Geschichte und eine moderne Arena die neue Spielstätte

„Es war der dritte Torwart, unser Sohn, der jetzt da unten einmarschierte und sich neben Alexander Schwollow und Mark Flekken platzierte.“

des SC Freiburg. Zwei Jahre Zeit also, wobei es realistisch betrachtet schwer werden würde, als dritter Torhüter dieses Ziel zu erreichen.

11.1 Dabei und doch noch nicht angekommen

Das eine ist, Teil des Profikaders zu sein. Etwas anderes allerdings, für den Wettkampf nominiert zu werden. Denn nur 18 Spieler plus zwei Torhüter stehen für jedes Spiel auf einem Spielberichtsbogen. Bei einer Kadergröße von fast 30 Spielern bedeutete das in der Saison 2018/19 für viele SC-Profis, geduldig zu sein, hart zu trainieren und auf einen Einsatz zu hoffen. Aus Sicht der beiden einzigen Jungprofis, neben Constantin schaffte auch sein Freund Keven Schlotterbeck den Sprung aus der U23 ganz nach oben, ein nahezu aussichtsloses Unterfangen in den Kreisen gestandener Profifußballer. Dann ist es wichtig, dass Vereine ihrem Nachwuchs Zeit geben, sich zu akklimatisieren, Abläufe und Gepflogenheiten des Vollprofitums kennenzulernen oder auch körperlich den hohen Anforderungen Stück für Stück gerecht zu werden. Technisch und taktisch sind die Spieler bereits so gut vorbereitet, sodass der Einstieg in das tägliche Training keine große Hürde darstellt. Aber man wird nicht über Nacht zum gestandenen Spieler der 1. Fußballbundesliga. Beispiele wie Leroy Sané auf Schalke oder Kai Havertz und Florian Wirtz in Leverkusen sind die großen Ausnahmen, nicht die Regel. Bei den Torhütern gab es Vergleichbares zuletzt, als Bernd Leno und Marc-André ter Stegen mit 19 Jahren ihre Bundesligadebüts gaben. Das war im Jahr 2011.

Darum war mit dem Verein vereinbart, dass Constantin weiterhin Spielpraxis bei der U23 sammeln, sich dort aber die Einsätze mit anderen nachrückenden Talenten teilen würde. So viel zur Theorie. Die Praxis sah folgendermaßen aus: Das wöchentliche Training mit der ersten Mannschaft, zum Abschlusstraining der U23 dann rüber ins Möslestadion und bei Auswärtspartien bereits am Vortag die Anreise zum Spiel. Nach dem Spiel einen Tag Regeneration, einen Tag frei und anschließend wieder zurück zur 1. Mannschaft. Bei Heimspielen der Profis hatte er Anwesenheitspflicht – auf der Tribüne. Im besten Fall deckten sich Spieltage und damit die Rhythmen beider Teams. Immer wieder kam es aber zu Verschiebungen, weshalb das Wechselspiel nie wirklich eine vernünftige Routine aufkommen ließ. So waren Constantin oder auch Keven Schlotterbeck, für den es ähnlich begann, zumindest gefühlt noch nicht ganz bei den Profis angekommen. Dennoch, wenn ich mit Constantin sprach, war eindeutig zu spüren, dass die Jungen von den Alten bereits überwiegend gut aufgenommen wurden. Natürlich war klar, wer Bälle, Trinkflaschen oder andere Trainingsutensilien zu tragen hatte. Aber das gehört dazu, will man die Stufen der Profileiter Schritt für Schritt erklimmen. So vergingen die Monate bis zur Winterpause mit insgesamt elf Startelfeinsätzen im Regionalligateam.

11.2 Zum ersten Mal am Zaun

Der 1. Dezember 2018 bedeutete für Constantin erstmals, in den Profispielbetrieb hineinzuschnuppern. Ersatztorwart Mark Flekken war erkrankt, und es stand ausgerechnet das Auswärtsspiel in einem der spektakulärsten deutschen Fußballstadien an: dem Signal Iduna Park gegen Borussia Dortmund. So rückte Constantin kurzfristig in die Rolle des Ersatzkeepers.

Das sind die Momente jedes dritten Torwarts. Wie seine beiden Kontrahenten muss er Woche für Woche genauso hart arbeiten und trainieren, stets mit wenig Hoffnung für eine Nominierung, geschweige denn für einen Einsatz. Ich wiederhole es an dieser Stelle gerne noch einmal: Wer sich für den Beruf des Profitorhüters entscheidet, braucht ein unglaublich hohes Maß an Eigenmotivation, Ausdauer und am Ende auch Glück. Denn kein Trainer der Welt wechselt auf dieser Position während eines Matches, wie es bei Feldspielern üblich ist. Von Spiel zu Spiel geschieht es höchstens dann, wenn die äußeren Umstände dazu zwingen, jedoch ganz selten aus Routine, um den anderen Torhütern Spielpraxis zu geben.

„Wer sich für den Beruf des Profitorhüters entscheidet, braucht ein unglaublich hohes Maß an Eigenmotivation, Ausdauer und am Ende auch Glück.“

Warum das so sein muss, habe ich bis heute allerdings nicht wirklich verstanden.
Dass das Auswärtsspiel bei Dortmund am Ende mit 2:0 verloren wurde, erwähne ich nur am Rande. Für Constantin war es ein überwältigendes Erlebnis, erstmals vor 80.000 Zuschauern zu spielen, wenn auch nur als Ersatzmann. An diesen besonderen Tag erinnert seither das Torwarttrikot mit der Nummer 37. Es hängt in unserem Wohnzimmer und trägt die wunderbare Widmung unseres Sohns: „Danke, für alles!“ Das schließt die ganze Familie mit ein, warum er es uns allen an Weihnachten schenkte, dabei betonte, dass er es ohne die jahrelange Unterstützung der Familie vermutlich kaum so weit gebracht hätte. Wir waren sehr gerührt, wie man sich denken kann.

Nach der Wintervorbereitung kehrte wieder die altbekannte Routine ein mit Training bei den Profis sowie Einsätzen bei der U23. Eine vorübergehende Überlastungsphase mit kurzer Auszeit wegen muskulärer Probleme verhinderte im Frühjahr 2019 leider weitere Nominierungen für die Auswahl der U20-Nationalmannschaft. Die folgende Behandlung, teils wieder in Eigenregie, brachte Heilung. Ich schließe mich übrigens der Auffassung des Freiburger Cheftrainers an, der Ende der Runde 2018/19 dezent, aber mehrmals offen die Optimierung der medizinischen Versorgung thematisierte. Der Grund: Seine Verletztenliste war anhaltend hoch. Erste Änderungen folgten umgehend, wie beispielsweise die Einstellung weiterer Mannschaftsärzte für die Profis. Nach wie vor ist dieses Thema ein Dauerbrenner in Profiligen und wird aufgrund wachsender körperlicher Belastungen immer bedeutender. Hinzu kommen moderne Spielsysteme, neue Wettbewerbe und immer enger getaktete Terminkalender. Die medizinische Präventivversorgung und Belastungssteuerung im Trainingsbetrieb rücken daher immer stärker in den Mittelpunkt des Geschehens. Dies wird zwar mit immer größeren Kadern und mehrfach besetzten Positionen aufgefangen – vom Schattenkader ist dann die Rede. Allerdings hat das seinen Preis, den sich nicht jeder Club mit allen Konsequenzen leisten kann – im wahrsten Sinne des Wortes.

Wie sich der Platz hinter der Nummer 1 anfühlt, durfte Constantin im Lauf der Rückrunde noch mehrmals erfahren. Eine Verletzung zwang den zweiten Torhüter zu einer mehrwöchigen Pause, ausgerechnet als das Heimspiel gegen den FC Bayern München anstand. „Des einen Leid, des andern Freud", beschreibt solche Situationen wohl am treffendsten. Wie es der Zufall wollte, hatten wir Karten. Freiburg rang den Münchnern ein hochverdientes Unentschieden ab, machte ein hervorragendes Spiel. Die Stimmung kochte nach Abpfiff über. Der Gang der eigenen Helden zum Zaun vor die Nordtribüne mit den vielen SC-Fans wurde zum kleinen Triumphzug.

Und mitten drin auch unser Sohn. „Es ist dann wie eine Droge“, meinte er später einmal. „Das willst du immer wieder haben“, wohl wissend, dass es bis dahin noch einiges zu tun geben würde. Auf jeden Fall war dieser Tag ein weiteres Highlight, wie auch die nächsten vier Spiele gegen Mainz, Bremen, Dortmund und Leipzig, in denen Constantin den genesenden Mark Flekken vertrat.

Zugegeben, während dieser Wochen glimmte nicht nur bei mir ein kleiner Funken Hoffnung, es könnte vielleicht mit dem ersten Bundesligaeinsatz klappen. Alexander Schwollow war natürlich nicht zu verdrängen. Aber was, wenn ihn eine Spielsperre, eine leichte Verletzung oder auch nur eine Grippe für ein oder zwei Spiele außer Gefecht setzen würde? Man wünscht das definitiv niemandem, und doch sind es für Ersatztorhüter die fast einzigen Chancen, überraschend ins Rampenlicht zu rücken. Ein Beispiel dieser Saison war Mainz 05. Dort bekam Florian Müller durch Ausfälle beider Vorderleute als dritter Torhüter mit erst 20 Jahren die Gelegenheit und das Vertrauen, sein Können im Profikader unter Beweis zu stellen. Er machte es gut, hatte sich danach durch solide Leistungen die Stammposition erobert und über Monate verteidigt. Eine Verletzungspause zwang ihn dann allerdings erneut in die Reservistenrolle. Wie schon beschrieben: Für einen Torhüter ist die Blitzvariante zum Stammspieler unter normalen Umständen nahezu ausgeschlossen.
So lief es auch in Constantins Fall. Er beendete die aktive Spielzeit mit der U23 und einem letzten Heimsieg gegen die Reserve der TSG Hoffenheim, aber ohne das insgeheim erhoffte Bundesligadebüt. Für seinen Freund Keven Schlotterbeck ging hingegen der Traum in Erfüllung. Verletzungsbedingt rückte er ins Profiteam und spielte im Februar 2019 in der Innenverteidigung erstmals in der höchsten deutschen Spielklasse gegen den VfB Stuttgart. Er löste diese Herausforderung außergewöhnlich gut und bestritt in der Spielzeit weitere acht Bundesligaspiele. Dann war das erste Profijahr für beide vorbei.

11.3 Der Weg zum Profi wird meist zum Umweg

Gelingt einem Talent tatsächlich der Sprung in den Profikader und es erhält einen Lizenzspielervertrag, hofft man darauf, den finalen Schritt auch bei seinem Heimatverein gehen zu können. Das gilt für einen Feldspieler genauso wie für einen Torhüter. Wer aber bei einem Erstligisten ausgebildet wurde, muss sehr häufig den Umweg über einen anderen Verein der zweiten und dritten Profiliga oder über das Ausland nehmen, sich dort beweisen und etablieren. Das hat von außen betrachtet vor allem zwei Gründe:

- Die Bedeutung der U23 oder U21 hat in den letzten Jahren gelitten. Denn Profivereine sind nicht mehr verpflichtet, ein solches Seniorenübergangsteam zu unterhalten. So gab es in der Spielzeit 2018/19 zum Beispiel keine zweite Mannschaft eines Erstligisten mehr in Liga drei – ein Novum seit vielen Jahren. Der verdiente Aufstieg von FC Bayern München II in die 3. Liga ist da nur Kosmetik. Einige Proficlubs haben ihre zweite Seniorenmannschaft sogar vom Spielbetrieb abgemeldet. Praxis auf einem Seniorenspielerniveau zu sammeln, ist damit unmöglich, was den direkten Schritt von der U19-Juniorenbundesliga hin zur Profimannschaft nahezu unmöglich werden lässt.

- Die Altersuntergrenze der in die erste Bundesliga transferierten Spieler wird gefühlt immer niedriger. So blockieren zunehmend ausländische Jungprofis im Alter von 18 oder 19 Jahren, teils sogar noch minderjährig, Perspektivpositionen für selbst ausgebildete Talente. Durch international unterschiedliche Ausbildungssysteme sind solche Transferspieler aus England, Frankreich, Spanien, Osteuropa, Südamerika oder Asien häufig bereits einen Entwicklungsschritt weiter – kosten dafür aber bereits Geld, teils gar Millionenbeträge.

Auch für Constantin stellte sich nach der abgelaufenen Spielzeit 2018/19 die Frage: Wie geht es jetzt weiter? Nach drei Jahren und zwei Spielzeiten als Stammtorwart der Regionalligamannschaft musste jetzt ein nächster Schritt erfolgen, um Spielpraxis auf höherem Niveau zu sammeln. Die Aussicht dafür war in Freiburg aber nicht gegeben. Denn selbst die theoretische Möglichkeit, auf Platz zwei im Profikader aufzurücken, würde realistisch betrachtet den Platz auf der Bank bedeuten. Es gab aber keinerlei Anzeichen, dass Alexander Schwollow oder Mark Flekken den Verein in der Sommertransferperiode 2019 verlassen würden. So blieb also nur der Umweg zu einem anderen Verein. Über diese Option hatte unser Berater mit den Verantwortlichen bereits mehrfach gesprochen. Ebenso, dass der Verein Constantin nicht abgeben wolle, ihn weiter perspektivisch als potenziellen Stammtorhüter sehe. So kam nur ein Leihgeschäft in Frage. Können Sie sich vorstellen, wie es sich im ersten Moment anfühlt, zu hören, dass ihr Kind „verliehen“ werden soll? Unser Berater erklärte mir die Hintergründe, die Insidern des Geschäfts Profifußball natürlich geläufig sind.

„Können Sie sich vorstellen, wie es sich im ersten Moment anfühlt, zu hören, dass ihr Kind ‚verliehen‘ werden soll?“

Da Constantin zwar reichlich Regionalligaerfahrung gesammelt hatte, allerdings bislang keinen einzigen Profieinsatz vorweisen konnte, kam für ein Leihgeschäft auf der Torhüterposition fast nur Liga 3 in Frage. Dort nehmen Vereine mit überschaubarem Budget immer gerne sehr gut ausgebildete Spieler für eine, vielleicht zwei Spielzeiten unter Vertrag. Da in der zweithöchsten deutschen Spielklasse höhere Etats verfügbar sind, bevorzugen Vereine der 2. Bundesliga – teilweise auch Topclubs in Liga 3 – den Transfer, also den Kauf eines Spielers – maximal mit einer Rückkaufoption für den abgebenden Club. Es geht dann darum, ein Team langfristig zu entwickeln, mit der Chance, im deutschen Oberhaus anzugreifen.

Außerdem sind für Transferspieler vorzeigbare Einsätze in Liga 3 oder höher sehr erwünscht.

Nimmt man diese Gegebenheiten zusammen, blieben nur eine Handvoll potenzieller Clubs übrig, die eine realistische Chance auf Einsatzzeiten für Constantin boten. Darum kümmerte sich unser Berater. Jörg führte Gespräche, analysierte den Markt, wer gerade suchte oder bei welchen Vereinen Torhüter möglicherweise vor dem Absprung standen. Man braucht dafür sehr viel Erfahrung und ein Netzwerk, um stets auf dem Laufenden zu sein. So führte der Weg letztendlich zur SG Sonnenhof Großaspach. Der dortige Stammtorwart plante, ein Angebot von Dynamo Dresden anzunehmen. Die Stelle würde also neu besetzt werden. So kam es dann auch. Großaspach räumte Constantin für die Saison eine realistische Chance auf Spielpraxis ein. Wir diskutierten in dieser Zeit viel mit unserem Sohn, ich auch mit unserem Berater, wägten das Für und Wider ab. Denn Constantin und ich kannten den Club aus dem Rems-Murr-Kreis bis dato nur vom Hörensagen. Nach und nach wurde aber klar, dass der Schritt dorthin in Summe folgerichtig sein würde. So kam es Ende Juni 2019 schließlich zur Vertragsunterzeichnung. Dann ging alles sehr schnell. Da Großaspach bereits mit der Vorbereitung begonnen hatte, stieg Constantin gleich in die harte Phase ein und wohnte die ersten Wochen im Hotel. Jetzt hieß es, die bisherige Wohnung in Freiburg zu räumen, einen Nachmieter auf Zeit zu suchen, eine neue Wohnung für ihn zu finden, Möbel, Kleider, Persönliches hin und her zu fahren, Wohnort ab- oder ummelden, und, und, und. Wir halfen, wo es ging. So wurde der Start bei Constantins neuem Club auf Zeit auch zu einem kleinen Neuanfang für uns alle, da wir ja seit 2010 nur Freiburg kannten.

12 Die Weichen werden neu gestellt

Es ist schon ein anderer Fußball, der in der mit zwanzig Teams besetzten Liga 3 gespielt wird. Wer als frisch gebackener Jungprofi mit einer exzellenten Fußballausbildung dort ankommt und darauf nicht vorbereitet wird, muss sich schnell an eine andere Gangart gewöhnen. Man ist jetzt im Wettstreit und Wettbewerb mit erfahrenen Profispielern, teils lange vereinszugehörig und auch Familienvätern, die auf ihren Beruf, den Stammplatz nebst regelmäßigem Einkommen angewiesen sind. Eine Anlaufzeit gibt es keine, und der Welpenschutz des Ausbildungsvereins endet abrupt. Es ist für jedes Talent, das in Liga 3 (oder auch in die 2. Bundesliga) wechselt, der besagte Sprung ins kalte Wasser. Besetzt mit vielen Ex-Bundesligisten wie beispielsweise Duisburg, Kaiserslautern, Dynamo Dresden, Ingolstadt, 1860 München, Waldhof Mannheim, Hansa Rostock, oder Magdeburg zur Saison 2020/21, ist die Liga dennoch sehr attraktiv. Die meisten Clubs sind professionell organisiert und bieten Jungprofis Chancen, sind die Nagelprobe für ihr späteres Tun. Eine Grundvoraussetzung dafür ist, möglichst viel Spielpraxis zu sammeln. Wer von den jungen Leihtalenten am Ende aber spielt, entscheiden weder der abgebende Heimat- bzw. Ausbildungsverein, noch der Spieler selbst oder sein Berater. Natürlich ist es der Trainer des Leihvereins. Idealerweise spricht der sich für die Torwartposition mit seinem Torwarttrainer ab. So bleiben Vereinbarungen zwischen abgebendem und aufnehmendem Verein letztendlich immer dem Moment und den zu diesem Zeitpunkt handelnden Protagonisten überlassen.

Schon bald sollte sich herausstellen, wie entscheidend diese Personalien sind und wie unerwartet sich das Blatt im Profifußball wenden kann.

Schon bald sollte sich herausstellen, wie entscheidend diese Personalien sind und wie unerwartet sich das Blatt im Profifußball wenden kann. Denn für die SG Sonnenhof Großaspach nahm die Saison 2019/20 einen enttäuschenden Verlauf. Sage und schreibe sieben Trainer- bzw. Co-Trainerwechsel konnten am Ende den Abstieg in die Regionalliga nicht verhindern. Darunter war aus Sicht von Constantin eine ganz entscheidende Personalie. Der für die Torhüterposition verantwortliche Co-Trainer erklärte etwas überraschend noch vor Rundenbeginn seinen Rücktritt, für den er seine persönlichen und nachvollziehbaren Gründe hatte. Nun war aber nicht der neue Chefcoach, sondern die Analyse und Empfehlung des Torwarttrainers mitentscheidend dafür, dass dieses Leihgeschäft überhaupt erst zustande kam. Damit fehlte plötzlich das wichtigste Verbindungsglied und der direkte Ansprechpartner für unseren Berater bei dem neuen Verein. Die beiden hatten die Leihe eingefädelt und waren zuversichtlich, dass Constantin schnell zu Spielpraxis kommen würde. Doch alles kam anders.

Trotz guter Vorbereitung und professionellem Einsatz in den Trainingseinheiten kam Constantin bis zur Winterpause gerade einmal zu vier Einsätzen im Ligaspielbetrieb und im Verbandspokal. Von Woche zu Woche wuchs seine Frustration, da er sich sportlich nichts vorzuwerfen hatte. Sogar der Abbruch des Leihgeschäfts stand zeitweise im Raum. Aber was dann? Dieser Wechsel auf Zeit konnte ihn nur weiterbringen, indem ihm die Chance auf Einsatzzeiten gegeben würde und er seine Fähigkeiten würde unter Beweis stellen können. Daran galt es weiter zu glauben, Tag für Tag in jeder Einheit hart daran zu arbeiten. Susanne und ich machten uns in dieser Phase sehr viele Gedanken, ehrlicherweise auch Sorgen. Zwar kennen wir die mentale Stärke unseres Sohnes, die für einen angehenden Profitorwart zur Grundausstattung gehören muss. Aber jetzt ging es um den nächsten Schritt seine Karriere, die drohte, ins Stocken zu geraten. Wir mussten dazulernen, wie unberechenbar und schnelllebig der Profifußball ist. Was heute gesagt wird, hat morgen vielleicht schon gar keine Bedeutung mehr, wenn die handelnden Personen wechseln. Jörg war in dieser Zeit der Einzige, der Constantin und auch uns versuchte, mit professionellen Analysen zu erklären, was oft kaum erklärbar war. Ansonsten war Constantin weitestgehend auf sich alleine gestellt, erhielt kaum Rückendeckung gegenüber dem Leihverein. Aber die Uhr tickte, und je mehr Wochen ohne Einsatzzeiten verstrichen, desto unglücklicher war dieses Leihgeschäft einzustufen. Schließlich war der Plan, mit möglichst viel Einsatzzeit wieder zu Freiburg zurückzukehren.

12.1 Ein Virus erschüttert die Welt

Als sollte diese schwierige Situation im ständigen Zustand des Wartens und Hoffens nicht schon genug sein, trat Anfang des Jahres 2020 ein anderes, alles veränderndes Ereignis ein: Der weltweite Ausbruch der Coronapandemie mit ihren weitreichenden Folgen für die Menschheit – bis zum heutigen Tag. Neben den einschneidenden Auswirkungen in sämtlichen Bereichen des täglichen Lebens, der Wirtschaft, der medizinischen Versorgung, von Bildung oder Kultur brachte der erste Lockdown im Frühjahr auch den Profi- und Freizeitsport zeitweise komplett zum Erliegen. So auch den Spielbetrieb der 3. Liga. Das Mannschaftstraining wurde verboten. Und da mit den fehlenden Spielen und Zuschauern allen 20 Clubs eine wichtige Einnahmequelle über Nacht wegbrach, mussten bei den meisten Vereinen Mitarbeiter und Spieler in Kurzarbeit geschickt werden. So auch in Großaspach. Das bedeutete für jeden, sich selbst fit zu halten. Niemand konnte vorhersagen, wann eine Fortsetzung der Spiele und damit die Ausübung des Berufs eines Profifußballers wieder möglich sein würde.

Zur Untätigkeit verdammt, kam Constantin in diesen Wochen zu uns nach Hause. Glücklicherweise konnte ich beim hiesigen Amateurverein SV Sasbach mit der Genehmigung des Ordnungsamts die Nutzung des Sportplatzes erwirken. Im Rahmen des Erlaubten hatte Constantin so wenigstens die Möglichkeit, regelmäßig ein eingeschränktes Torwarttraining zu absolvieren. In diesen Wochen war lange nicht klar, ob es mit der 3. Liga überhaupt weitergehen würde. Ein Saisonabbruch drohte, da abzusehen war, dass die noch ausstehenden Partien im Rahmenterminkalender kaum mehr zu Ende gespielt werden konnten. So würde ein enttäuschendes Jahr der Leihe dann auch noch einen bitteren Abschluss finden. Aber was dann?

12.2 Das Ende im Breisgau

Für Constantins weiteren Weg fiel zu all dem ein weiteres einschneidendes Ereignis genau in die Phase der unbeschäftigten Kurzarbeit. Die Mitteilung gelangte über Umwege durch seinen Berater zu ihm. Jörg stand während der Leihe in losem Kontakt mit den Verantwortlichen des SC Freiburg. Denn Constantin würde ja anschließend wieder zurückkehren, weil sein Vertrag nur noch ein weiteres Jahr lief. So sehen es die Statuten vor. Es stellte sich also die Frage der Verlängerung. Profivereine lassen es generell nicht auf den letzten Tag ankommen und lassen Verträge nur in Ausnahmefällen auslaufen. Der Grund dafür ist das sogenannte „Bosman-Urteil". Es erschütterte 1995 den europäischen Fußball bis ins Mark und erlaubt Profifußballern seither, in der europäischen Union nach Vertragsende zu einem anderen Verein zu wechseln und die Ablöse selbst einzukassieren. Diese Gelder sind aber ein wichtiger Teil des Geschäftsmodells der Vereine. Sie bezahlen für einen Spielerwechsel, nehmen die verhandelten Transfersummen bei Spielerverkäufen aber auch als Erlöse ein. Bei Jungprofis handelt es sich dann in der Regel noch um überschaubare Beträge. Im Falle der Weltspitze sind es hingegen teils utopisch hohe Millionensummen, die für einen Star zu bezahlen sind. Das Prozedere ist aber immer das Gleiche.

„Der SC Freiburg wird meinen Vertrag nicht verlängern!" Erst glaubte ich, mich verhört zu haben, als Constantin uns ausgerechnet während seiner Corona-Zwangspause über diese Entscheidung informierte. Aber es war tatsächlich die Wahrheit. Jörg bestätigte es mir in dem darauffolgenden Telefonat. Es wurde ihm frühzeitig mitgeteilt, damit er über die laufende Saison 2019/20 hinaus Planungssicherheit habe. Im Geschäft Profifußball ist das ein üblicher und meist auch recht nüchtern ablaufender Vorgang. Er spielt sich zum Ende jeder Saison dutzendweise ab, lässt in der Regel auch keine weiteren Erklärungen über die Gründe folgen. Man teilt dem Berater mit, dass Trainer und Verein für eine neue Saison andere Pläne verfolgen, der Spieler also kaum mehr Aussichten auf Einsatzzeiten bekommen wird. Er kann sich dann nach einem neuen Arbeitgeber umschauen und im Falle eines vorzeitigen Wechsels erhält der abgebende Verein wie zuvor beschrieben

„Der SC Freiburg wird meinen Vertrag nicht verlängern! Erst glaubte ich, mich verhört zu haben."

die meist festgeschriebene Ablösesumme. So weit, so sachlich. Ich weiß bis heute nicht, wie lange unser Sohn brauchte, um diese Nachricht mental zu verarbeiten. Er hat es tief in sich verschlossen. Für ihn bedeutete es aber das Ende. Nach zehn Jahren, die meisten davon zur Ausbildung, das Ende bei seinem Verein, mit dem er noch so viel erreichen wollte. Dies anzunehmen, zu verarbeiten und nicht länger zurück, sondern mit Optimismus nach vorne zu schauen, braucht für jeden jungen und noch unerfahrenen Profifußballer ein gehöriges Maß an innerer Stärke, in Fachkreisen besser bezeichnet als Resilienz. Vereinfacht gesagt meint es die Fähigkeit, durch die eigene psychische Widerstandskraft schwierige Lebenssituationen zu überstehen und sogar gestärkt daraus hervorzugehen. Spitzensport und Profifußball fordern diese Fähigkeit im Berufsleben immer wieder aufs Neue von den Spielern ein. Ob beim Verlust des Stammplatzes, während einer langfristigen Verletzung oder eben auch bei auslaufenden Verträgen, ohne dass ein neues Arbeitsverhältnis in Aussicht ist. Denn die Anzahl der Arbeitsplätze ist limitiert auf die Zahl der Kaderplätze aller Profivereine. Wer zu Rundenbeginn keinen davon hat, ist arbeitslos. Das ist keine Kritik am System, sondern die sachliche Beschreibung der Situation.

Wenn Sie dieses Buch Kapitel für Kapitel gelesen haben, können Sie vielleicht nachvollziehen, weshalb sich auch für uns als langjährige Begleiter und Familie mit dem Vertragsende nicht einfach nur ein weiteres Kapitel schloss. Es war das Ende eines langen und überwiegend schönen Weges bei dem Verein, dessen Nachwuchsleistungszentrum wir unseren Sohn mit damals zwölf Jahren anvertraut haben. Seither lief alles wie geplant, zeitweise sogar vorplanmäßig, als er nach der EM 2015 zu den besten Jugendtorhütern seines Jahrgangs in Europa zählte. Und noch vor dem Leihgeschäft waren die langfristigen Perspektiven ja besprochen und gut. Konnte dieses vertrackte Jahr wirklich alles in Frage stellen? Aber so sehr ich mich hinterfragte, mit Susanne darüber grübelte – die Entscheidung war getroffen, unumstößlich und zu akzeptieren. Constantins und auch unsere Reise beim SC Freiburg würde also spätestens im Sommer 2021 enden, sehr wahrscheinlich aber schon ein Jahr früher. Damit galt es sich abzufinden.

12.3 Licht am Ende des Tunnels

„Doch wenn Du denkst, es geht nicht mehr ....“ Sie wissen, wie diese Redewendung weitergeht. Die Lockerungen nach dem ersten Lockdown erlaubten Berufssportlern nach und nach, wieder ihrer Arbeit nachzugehen. Im Profifußball starteten ab dem 16. Mai 2020 die beiden Bundesligen unter strengen Hygieneauflagen mit ihren Geisterspielen. Zwei Wochen später folgte Liga 3 – ebenfalls ohne Zuschauer. Die Herausforderung aller 20 Teams: elf Spieltage in fünf Wochen durchzuziehen. Durch dieses Mammutprogramm veranlasst, entschloss sich der bei Großaspach in dieser Saison zuletzt engagierte Cheftrainer Hans-Jürgen Boysen zu einer ungewöhnlichen Maßnahme: die Rotation nach jedem Spieltag auf allen elf Positionen. Ein einmaliger Vorgang im Profifußball während der gesamten Pandemiezeit. Damit zog der erfahrene Ex-Profi alle Register, dem drohenden Abstieg vielleicht doch noch ein Schnippchen zu schlagen. Denn eigentlich stand man schon mit 1 ½ Beinen in der Regionalliga, aber zu jenem Zeitpunkt blieb noch eine winzige Chance. Für Constantin bedeutete es endlich die lang erhoffte Spielpraxis, wenngleich auch für nur sechs Spiele. Dennoch, für die Suche nach einem neuen Arbeitgeber war jede Einsatzminute Gold wert, um sich mit guten Leistungen zu empfehlen. Kein einfaches Unterfangen. Aber es glückte, trotz langer Einsatzabstinenz. Am Ende holte die SG Großaspach in diesen sechs Partien überraschende zehn Zähler, spielte gar viermal zu null. Der Abstieg wäre mit diesem Punkteschnitt und der guten Defensivarbeit über die gesamte Saison betrachtet kein Thema geworden. Leider kamen die guten Maßnahmen zu spät für den selbsternannten Dorfklub. Aus Sicht von Constantin liefen die Partien mit einem „kicker“-Notendurchschnitt von 2,58 durchaus erfreulich. So konnte er sich zum Ende der Spielzeit nicht nur sportlich positiv von seinem Leihverein verabschieden, sondern vor allem seine Visitenkarte für die jetzt anstehende Vereinssuche abgeben.

12.4 Neuanfang im Emsland

Im Juli 2020 fuhren wir in den Rems-Murr Kreis, um mit Constantin die Zelte in Großaspach wieder abzubrechen und seine Wohnung zu räumen. Ein schwieriges Jahr mit einem wenigstens versöhnlichen Abschluss war zu Ende. Aber was sollte nun folgen? Wie würde es weitergehen, nachdem sich die Türen in Freiburg schlossen? Zur Öffnung des Sommertransferfensters stand Jörg einiges an Arbeit bevor. Den Torhütermarkt sondieren, Gespräche führen, auf Angebote warten, verhandeln, einen neuen Arbeitgeber finden. Alles nicht ganz einfach, wie er mir zwischenzeitlich versicherte. Dazu kam, dass durch die Pandemie bedingt wenig Bewegung im gesamten Transfermarkt war, erst recht nicht bei den Torhütern. Viele Vereine mussten umplanen, weil aus Sparzwängen deutlich weniger Geld bewegt werden konnte. So hielt man den einen oder anderen Spieler länger als geplant, setzte auch häufiger auf eigene Jugendspieler oder wartete auf ein hoffentlich noch mögliches Schnäppchen zum Ende der Transferzeit.

Constantin bezog zusammen mit seinem Freund Keven Schlotterbeck die alte Wohnung in Freiburg. Vorübergehend, denn noch hatte er ja einen laufenden Profivertrag, den es zu erfüllen galt. Um sich fit zu halten, war nach seiner Rückkehr für ihn die Tür zur U23 offen, nicht mehr bei der ersten Mannschaft. Dort arbeitete er mit dem aktuellen Nachwuchsteam, seinen altbekannten Trainern und bereitete sich akribisch und motiviert auf einen hoffentlich baldigen Transfer mit neuen Perspektiven vor.

Und tatsächlich signalisierten Vereine aus Liga 2 und 3 ihr Interesse. Ohne wählerisch sein zu können, musste Jörg trotzdem darauf achten, dass dieser Transfer nun nicht nur verspricht, sondern auch hält, was in Aussicht gestellt wird: die langfristige Planbarkeit des nächsten Karriereschritts und möglichst bald regelmäßige Spielpraxis. Irgendwann kristallisierte sich heraus, dass die Aussichten darauf ins Emsland führen sollten. Der Kader des dortigen SV Meppen befand sich zur Saison 2020/21 in einer Umbruchphase. Dazu kam mit Thorsten Frings ein neuer Chefcoach. Zusammen mit seinem Torwarttrainer hatte er konkrete Vorstellungen für die Torhüterposition, für die Constantin alle Voraussetzungen mitbringen würde. Die Gespräche liefen gut, und bald waren sich alle Verantwortlichen darüber einig, dass ein Neuanfang beginnen kann und die Papiere bald unterzeichnet werden können. Dann geschah das Unfassbare.
Bei einer Fußabwehr während des Trainings knickte Constantin nach einer Gegenspielerattacke um und verletzte sich am Sprunggelenk. Den Schreckensmoment überstanden, signalisierte der künftige Arbeitgeber zunächst Geduld. Man wolle mit Constantin auf jeden Fall arbeiten, sobald er wieder fit ist und er sich in Ruhe auskuriert hat. Jetzt begann ein Wettlauf gegen die Zeit und das

Transferfenster. Zwar stand dieses noch einige Wochen offen, wegen der Pandemie sogar länger als üblich. Gleichzeitig begannen die Vereine aber bereits wieder mit ihrer Vorbereitung. Und da sich die Sprunggelenksverletzung hartnäckiger erwies, als zunächst diagnostiziert, war Meppen irgendwann zum Handeln gezwungen, konnte nicht länger warten. Es folgte die Leihe eines anderen jungen, hochtalentierten Torhüters, der sich zu Rundenbeginn prompt den Stammplatz zwischen den Pfosten sicherte.

Der Wettlauf ging also verloren. So schien es zumindest. Und das Transferfenster schloss am 5. Oktober. Um darüber hinaus handlungsfähig zu bleiben, benötigte Jörg jetzt eine wichtige Entscheidung von Constantin. Die Aufhebung des noch laufenden Arbeitspapiers. Nur dann ist ein Transfer auch außerhalb der dafür vorgesehenen Fristen möglich. Haben Sie schon einmal einen laufenden Arbeitsvertrag gekündigt? Dann ahnen Sie, dass es jetzt um keine leichte Entscheidung ging. Intensive Gespräche im Familienkreis gingen dem letztendlich Unausweichlichen voraus. Dann meldete der SC Freiburg einen Tag nach Sommertransferschluss auf seiner Internetseite den Vollzug in beiderseitigem Einvernehmen. Somit war die Trennung nun auch formal erledigt. Bei der U23 und den Torhütern trainierte Constantin als vertragsloser Spieler aber weiterhin mit, um sich fit zu halten. So war es fest vereinbart.

Dann schlug das Schicksal abermals auf seltsame Weise zu. Allerdings traf es dieses Mal einen anderen jungen Torhüter.

Wochen vergingen, der Spielbetrieb lief bereits. Dann schlug das Schicksal abermals auf seltsame Weise zu. Allerdings traf es dieses Mal einen anderen jungen Torhüter. Ausgerechnet beim SV Meppen, wohin Constantins Transfer durch seine Blessur noch Wochen zuvor scheiterte, verletzte sich der statt seiner ausgeliehene Torhüter während eines Spiels schwer. Die Ausfallzeit wurde auf mehrere Monate diagnostiziert. Nach dem ersten Schock traf der Verein zunächst alle notwendigen Fürsorgemaßnahmen für seinen Leihspieler. Dann wurde analysiert und entschieden, auf der Torhüterposition nochmals nachzuverpflichten. Constantin war wieder fit, ohne Vertrag und sofort verfügbar. Auf diese außergewöhnliche Weise kam für ihn am 20. November zu einem guten Ende, was im Sommer bereits stattfinden sollte: der Wechsel in Liga 3 zum SV Meppen.

Mit einem Arbeitspapier für zwei Jahre ausgestattet, bieten sich Constantin jetzt die Rahmenbedingungen für einen echten Neuanfang. Der Einstieg in den Beruf zum Profifußballer ist damit geschafft. Nicht mehr, aber auch nicht weniger. Er gehört zu den 112 Profitorhütern in Deutschlands Profiligen. Mehr Arbeitsplätze gibt es auf dieser Position nicht, die verbunden sind mit einem Kaderplatz. Das Ziel aller ist aber natürlich der langfristige Stammplatz.

Neuanfang in Liga 3 beim SV Meppen mit Cheftrainer Thorsten Frings

Wohin sein Weg beim SV Meppen und in den kommenden Jahren seiner Karriere noch führt, liegt entscheidend an den Chancen, die ihm die Zukunft einräumen wird. Denn ein Talent, ganz egal auf welcher Position es spielt, hat im Profigeschäft angekommen nur dann die Möglichkeit, seine über Jahre erlernten Fähigkeiten oder Führungsqualitäten unter Beweis zu stellen, wenn es spielen darf. Man wird nur Profifußballer, wenn man als junger Mensch einen langen, entbehrungsreichen Weg beschritten, hart gearbeitet, Resilienz entwickelt und zur rechten Zeit auch das notwendige Quäntchen Glück gehabt hat. Das ist so simpel, wie es sich anhört. Danach braucht es das notwendige Maß an Vertrauen und ständiger Kommunikation der Verantwortlichen. Egal ob Trainer, Vereinsführung, Berater und nicht zuletzt auch des sozialen Umfelds, der Eltern. Eigentlich doch gar nicht so schwierig, oder was meinen Sie?

12.5 Schlussbemerkung

Für immer mehr deutsche Toptalente in der Ausbildung bei einem Erstligisten führt der weitere Weg zum Profi über die 2. Bundesliga, die 3. Liga oder über ausländische Profiligen, was diese wiederum immer attraktiver macht. Ein Beispiel dafür zeigt die Übersicht der nächsten Seite. Es sind die deutschen Toptalente und Vizeeuropameister des Jahrgangs 1998 in Bulgarien sowie WM-Teilnehmer des gleichen Jahres in Chile. Gelistet sind alle Spieler, die für die beiden Kader oder auf Abruf nominiert waren, bei welchem Verein sie damals ausgebildet wurden und wo sie in der Saison 2020/21 in einem Kader stehen bzw. standen. Der Vermerk (L) bedeutet Leihgeschäft. Es sind also die im Jahr 2017 Besten der Besten, von denen viele heute als Profifußballer arbeiten. Tatsächlich waren aber nur wenige der Spieler zum Wintertransferschluss 2020/21 im deutschen Oberhaus gelistet. Die meisten verließen ihren Ausbildungsverein, gehen Umwege über Liga 2, Liga 3, das Ausland, spielen heute im Amateurbereich oder haben inzwischen vielleicht ihren Plan B angegangen bzw. bereits umgesetzt.
Der Kindheitstraum vom Stammplatz in der Bundesliga ist gewiss bei den meisten noch nicht ausgeträumt, und einige von diesen

Spielern werden es schaffen. Aber zur Wahrheit gehört auch die Tatsache, dass Profifußballer nicht nur in der 1. Bundesliga, sondern in allen Profiligen arbeiten, dort gebraucht und ihre Erfüllung finden werden. Das sollte jedem bewusst sein, der sich für eine Ausbildung in diesem schönen Sport entscheidet. Wer es zum Profi bzw. Berufssportler schafft – ganz egal in welcher Sportart –, hat sein berufliches Fernziel am Ende erreicht, darf einen Traum leben und kann genauso wie sein Umfeld stolz darauf sein!

DFB U17-Kader plus Abrufspieler nominiert für die EM und WM 2015			
(Aktualisiert am 12. Februar 2021; Quelle: www.transfermarkt.de)			
Spieler	**Verein 2015/16**	**Verein 2020/21**	**Liga / Land**
Abu Hanna, Joel	Bayer 04 Leverkusen	Zorya Lugansk	1. Liga / Ukraine
Akyol, Enes	Hertha BSC Berlin	Adanaspor	2. Liga / Türkei
Ametov, Beyhan	1. FC Köln	Wuppertaler SV	Regionalliga / D
Barkok, Aymen	Eintracht Frankfurt	Eintracht Frankfurt	1. Liga / D
Benko, Fabian	FC Bayern München	FC Juniors OÖ	2. Liga / Österreich
Breitenbach, Jayson	1. FSV Mainz 05	1. FC Saarbrücken	3. Liga / D
Burnic, Dzenis	Borussia Dortmund	1. FC Heidenheim	2. Liga / D
Busam, Jonas	SC Freiburg	SV Oberachern	Oberliga / D
Dahmen, Finn	1. FSV Mainz 05	1. FSV Mainz 05	1. Liga / D
Dorsch Niclas	FC Bayern München	KAA Gent	1. Liga / Belgien
Eggestein, Johannes	Werder Bremen	LASK (L)	1. Liga / Österreich
Franke, Dominik	RB Leipzig	FC Ingolstadt 04	3. Liga / D
Fritsch, Patrick	Borussia Dortmund	Karriereende	-
Frommann, Constantin	SC Freiburg	SV Meppen	3. Liga / D
Geiger, Dennis	TSG Hoffenheim	TSG Hoffenheim	1. Liga / D
Grauschopf, Paul	SpVgg Greuther Fürth	SpVgg Unterhaching	3. Liga / D
Gül, Gökhan	VfL Bochum	Fortuna Düsseldorf	2. Liga / D
Hack, Robin	TSG Hoffenheim	1. FC Nürnberg	2. Liga / D
Janelt, Vitaly	RB Leipzig	FC Brentford	2. Liga / England
Käfferbitz, Felix	FC Schalke 04	RW Koblenz	Regionalliga / D

Karakas, Erdinc	VfL Bochum	Hannover 96 II	Regionalliga / D
Köhlert, Mats	Hamburger SV	Willem II Tilburg	1. Liga / Niederlande
Köhn, Philipp	VfB Stuttgart	FC Will 1900 (L)	2. Liga / Schweiz
Kösecik, Sahin	Borussia Dortmund	Vereinslos	-
Nesseler, Daniel	Bayer 04 Leverkusen	Wuppertaler SV	Regionalliga / D
Özcan, Salih	1. FC Köln	1. FC Köln	1. Liga / D
Passlack, Felix	Borussia Dortmund	Borussia Dortmund	1. Liga / D
Petermann, Justin	1. FSV Mainz 05	1. FC Köln II	Regionalliga / D
Probst, Tim	SC Freiburg	Bahlinger SC	Regionalliga / D
Ramaj, Dijon	VfB Stuttgart	VfR Aalen	Regionalliga / D
Saglam, Görkem	VfL Bochum	Willem II Tilburg	1. Liga / Niederlande
Schmidt, Niklas	Werder Bremen	VfL Osnabrück (L)	2. Liga / D
Schubert, Markus	SG Dynamo Dresden	Eintracht Frankfurt (L)	1. Liga / D
Serra, Janni-Luca	Borussia Dortmund	Holstein Kiel	2. Liga / D
Skenderovic, Meris	TSG Hoffenheim	TSG Hoffenheim II	Regionalliga / D
Stefandl, Marco	FC Bayern München	SV Atlas Delmenhorst	Regionalliga / D

13 Epilog

Sie kennen jetzt unsere Geschichte. Es ist eine unter Tausenden, die sich Jahr für Jahr zutragen. Sind Sie und Ihr Kind selbst die Protagonisten der einen oder anderen davon, hoffe ich, Sie konnten für sich etwas mitnehmen. Letztendlich steht Constantins Weg, oder Abschnitte davon, für viele andere Biografien. Jede davon ist lehrreich, könnte erzählt werden, um das Talentfördersystem an der einen oder anderen Stelle weiterzuentwickeln.

Nun ist der professionelle Fußball ein Mikrokosmos, der seine eigenen Gesetze schreibt. Das haben Susanne und ich als Eltern eines hochtalentierten Jungen gelernt. Er hat den großen Vorteil, dass Einflüsse von außen abgeschirmt werden können, hat aber auch einen großen Nachteil: Manch Positives, das das Talentfördersystem weiterbringen könnte, wird vielleicht übersehen. Dazu zähle ich die Erfahrungen unzähliger Eltern junger Spieler. Denn eine aktive Elternarbeit findet in der Talentförderung des deutschen Fußballs bislang nur punktuell statt. Sie ist noch kein integrierter Bestandteil der Konzeptionen von DFB, der meisten Bundesligavereinen oder der Landesverbände. Ich befasse mich seit 2014 ausführlich mit der Materie und komme zu dieser Schlussfolgerung.

„Eltern, Familie und das engste Umfeld sind generell ein wesentlicher, wenn nicht der entscheidende Faktor zur Entwicklung einer starken Persönlichkeit jedes Kindes."

Eltern, Familie und das engste Umfeld sind generell ein wesentlicher, wenn nicht der entscheidende Faktor zur Entwicklung einer starken Persönlichkeit jedes Kindes. Das gilt gleichermaßen auch für die Dauer der Förderung und Ausbildung junger Talente durch engagierte Jugendtrainer. Nun hat sich der Profifußball zu einem herausfordernden Aufgaben- und Geschäftsfeld entwickelt, bis hinein in den

Juniorenbereich. Als Begleiter und Entscheider für ihre Kinder sind Eltern darauf nicht vorbereitet, werden im Laufe der Zeit aber vielfach mit herausfordernden Situationen konfrontiert. Hilfestellungen, Aufklärung und proaktive Unterstützung können beitragen, sachlich basierte und nicht intuitionsgeleitete Entscheidungen zu treffen – wobei die Intuition ein durchaus guter Elterninstinkt ist. Das Talentfördersystem des deutschen Fußballs und allen voran der Deutsche Fußballbund haben die Möglichkeiten, Elternarbeit zum integrativen Bestandteil ihrer Konzeptionen weiterzuentwickeln und zu einem additiven Baustein zu machen – mit Auswirkungen bis hinein in den Amateursport. Dieses Buch will auch dafür Perspektiven und Anregungen liefern.

Im Kindesalter liegt es nach ersten Sichtungsmaßnahmen der Stützpunkt- und Vereinstrainer allein bei den Eltern, sich für oder gegen den Einstieg in das Talentfördersystem zu entscheiden – mit allen daraus resultierenden Konsequenzen. Mit dem Beginn der Talentförderung und bei vielen Talenten dem daraus resultierenden Vereinswechsel ändern sich die Abläufe innerhalb der Familie, das Familienleben, die schulische Organisation und die Freizeitgestaltung grundlegend. Ebenso kommen Herausforderungen hinsichtlich des Zeitmanagements, Familienbudgets, vielleicht Negativkommentare des früheren Heimatvereins sowie das neue sportliche und soziale Umfeld in einem professionell strukturierten Verein auf den jungen Spieler und die Eltern zu.

Im weiteren Verlauf der Talentförderung werden die Herausforderungen für alle Spieler dann immer größer. Abstimmungen mit der Schule bzw. der Stundenpläne auf den Trainingsbetrieb, zunehmende Trainingsintensität und die damit verbundene Transportsituation, erste große Turniere im In- und Ausland, die neue Rolle des Kindes in der Mannschaft (nicht mehr der Star, sondern einer von vielen guten Jungs) oder der Austausch mit jetzt professionellen Trainern. Und wie kommt das Kind mit der Gesamtbelastung und dem zunehmenden

Verlust an Freizeit oder der Beendigung anderer geliebter Hobbys klar? Die meisten dieser Themen werden von den Eltern betreut und organisiert.

Der nächste Meilenstein betrifft dann häufig einschneidende Veränderungen. Wie gehe ich mit dem Angebot um, in ein Leistungszentrum, Jugendhaus oder zu einer Gastfamilie zu wechseln – verbunden mit der Trennung von Familie, Freunden und dem Schulwechsel? Was tun, wenn die ersten Berater- oder Vereinsanfragen kommen? Was bedeutet es, wenn die Doppelbelastung bei Nominierungen für die Landesauswahl- bzw. U-Nationalmannschaften hinzukommt? Wie verhalte ich mich, wenn in der Adoleszenz körperliche und geistige Entwicklungen sportliche und schulische Leistungen beeinflussen oder Mädchen eine neue Bedeutung für die Jungen erlangen? Erste Langzeitverletzungen können aufgrund wachsender körperlicher Belastungen auftreten und den Spieler zurückwerfen. Nicht alle Geschwister können dauerhaft positiv mit der veränderten familiären Situation sowie der innerfamiliären Talentfokussierung umgehen. Oder der Selektionsprozess stellt den Spieler und dessen Familie auf halbem Wege vor ein gefühlt „brutales" Ende der Talentförderung – gleichfalls verbunden mit dem Ende eines Traums. Für den jungen Fußballer spielen bei allen genannten Beispielen die Eltern als engste Vertraute eine entscheidende Rolle.

Im besten Fall wurden alle vorangegangenen Klippen umschifft oder durchgestanden. Dann steht vielleicht der Sprung vom Junioren- zum Seniorenbereich an. Auch in dieser Phase sind außerhalb des Vereins die Eltern nach wie vor die wichtigsten Bezugspersonen für den Spieler. Das hat eine der wenigen Studien zu diesem Thema bewiesen[5]. Was ist jetzt aber der beste Weg für die weitere sportliche

---

[5] Quelle: ....und dann werde ich doch Profi..." Empirische Grundlagen zur komplexen Talentförderung; 2010, Autor Dr. Uwe Harttgen

Entwicklung? Weiterhin dual oder mit voller Konzentration und dem Ziel, Profi zu werden? Bleibt man, oder macht ein Vereinswechsel Sinn, vielleicht ein Leihgeschäft? Wie und wo gelingt der nächste sportliche Entwicklungsschritt am besten?

Für die Mehrzahl der Spieler steht diese Tür allerdings nicht offen. Nach langen Jahren Hoffen, Bangen, Zuversicht, Verzicht und harter Arbeit endet der Traum vom Profi, da nur ein kleiner Teil einen Vertrag erhalten oder einen neuen Verein finden wird. Was aber bedeutet das für einen Halbwüchsigen? Spätestens hier endet heute die Arbeit des gesamten Talentförderapparats – die der Eltern hingegen geht noch immer weiter.

Dieses Buch ist ein Tatsachenbericht, aus einem individuellen Blickwinkel heraus verfasst. Es kann aber ein Begleiter für Erziehungsberechtige sein, deren Kind in vergleichbare Lebenssituationen rutscht oder vielleicht schon mittendrin steckt. Allen weiteren Personen, die als Teil der deutschen Talentförderung mit Menschen wie meiner Frau und mir zu tun haben – vor allem die Trainer, aber ebenso Pädagogen, NLZ-Leiter oder Mitarbeiter, Sportdirektoren und Vorstände, Scouts, Verbandsfunktionäre, Ärzte, Physiotherapeuten, Berater oder in welchen Funktionen auch immer –, rufe ich zu:

„Nehmen Sie nicht nur unser Kind, sondern auch uns mit auf den Weg und haben Sie keine Angst vor Eltern. Die allermeisten sind wirklich zahm!“

Ihr
Achim Frommann

14 Ein paar Tipps für alle, die es wagen

Die Unterstützung nimmt über Jahre zunehmend Zeit in Anspruch. Stellen Sie sich darauf ein, die Familien- oder auch ihre Urlaubsplanung den Anforderungen der Talentförderung anzupassen. Gleiches gilt für die Koordination der dualen Ausbildung. Eliteschulen des Fußballs stellen sich auf den Trainingsbetrieb ein. Bei allen anderen weiterführenden Schulen haben die Erziehungsberechtigten der Talente die Aufgabe, in Kooperation mit der Schulleitung Wege zu finden, die das Talent so wenig wie möglich belasten und stets die schulische Entwicklung im Vordergrund halten.

Die Talentförderung kostet Geld. Vereine und Verbände geben zwar Zuschüsse. Das betrifft Ausgaben zur Unterstützung der Trainingsfahrten, teilweise für die Ausstattung zum Trainingsbetrieb oder für Kost und Logis. Nicht inbegriffen ist in der Regel Ihre freiwillige Begleitung zu Spielen, Turnieren oder anderen Veranstaltungen der Mannschaften im In- und Ausland. Hinzu kommt bei manchen Clubs eine Ausbildungsgebühr.

Ihr Kind sollte offen und schon ein Stück abgenabelt sein, denn es wird erwartet, dass sich ein Talent dem System anvertraut und der Mannschaft unterordnet. Besonders bei Auswärtsfahrten mit Übernachtungen ohne Vater und Mutter kann das bei sehr jungen Spielern noch zu einer Herausforderung werden.

Überlassen Sie alles Sportliche dem Verein. Trainer und Funktionsteam sind ausgebildete Profis für die Entwicklung junger Talente. Vertrauen Sie auf deren Kompetenz und die Förderung durch den Verein, den Sie zuvor selbst für Ihr Kind gewählt haben. Gerade in schwierigen Phasen (Verletzung, Pubertät, wenig Einsatzzeit) wird dies zu einer Herausforderung.

Stehen Sie schwierige Zeiten durch und bleiben im Gespräch mit den Vereinsverantwortlichen. Für die Persönlichkeitsentwicklung, Ausprägung einer Selbstverantwortung und Resilienz eines Jugendlichen ist von großer Bedeutung, problematische Phasen zu meistern, anstelle die Flucht zu ergreifen.

Dennoch kommt es aus verschiedenen Gründen jede Saison zu Vereinswechseln. Bedenken Sie im Falle von Bundesländer übergreifenden Vereinswechseln die veränderten Ferien- und Lehrpläne. Das gilt auch für Vereine und Trainer. Sollte es irgendwann dazu kommen, muss frühzeitig entschieden werden. Notfalls ist es angebracht, einen Verein im Sinne des Kindes um eine klare Entscheidung zu bitten.

Wird das Thema „Berater" für Sie und Ihr Kind relevant, unterschreiben Sie zu Anfang noch keine Verträge. Seriöse Agenturen oder Berater lassen in der Regel beiden Seiten die Möglichkeit einer Probezeit, um herauszufinden, ob die Chemie auch wirklich stimmt. Im weiteren Verlauf kann eine Vereinbarung notwendig werden, um der Agentur für Gespräche mit Profivereinen die Alleinvertretung für den Spieler zu dokumentieren.

Bei der Wahl eines Vereins für die Talentförderung können vorab die folgenden Punkte abgefragt werden:

- Wie ist die **pädagogische Betreuung** der Spieler und die schulische Begleitung organisiert, und wie viel Zeit bleibt für die Betreuung eines einzelnen Kindes?
- Werden die **schulischen Leistungen** durch den Verein regelmäßig bewertet, und wie wird auf Leistungseinbrüche reagiert?
- Hat der Verein eine **Langzeitplanung** für seine Talente, und wie hoch ist die **Durchlässigkeit** im U-Nachwuchsbereich?

- Wie häufig kommt es zur neuen Saison zum **Wechsel von Jugendspielern** eines Jahrgangs?
- Findet eine **regelmäßige Information** der Eltern über die sportliche Entwicklung des Spielers statt, und in welcher Art und Weise?
- Wie ist die **medizinische Versorgung** in den U-Mannschaften strukturell organisiert?
- Gestattet der Verein im Bedarfsfall eine unabhängige **ärztliche Zweitdiagnose**?
- Gibt es im **Verletzungsfall** den regelmäßigen Austausch mit den Eltern über Diagnose, Therapie und den Verlauf der Rehamaßnahmen?
- Erhält der Spieler ab dem Leistungsbereich einen **Fördervertrag**, der die Zeit der dualen Ausbildung abdeckt? Im Fall eines Schulwechsels ist diese Sicherheit von Bedeutung.
- Auch wenn es bei einem frühen Wechsel zu einem Bundesligisten noch sehr weit weg erscheint: Prüfen Sie, ob der Verein eine **U21- oder U23-Mannschaft** unterhält, und erfragen Sie bei Vereinsverantwortlichen deren Stellenwert. Zum Übergang „Junioren"–„Senioren" wird diese Mannschaft für Ihr Kind in den meisten Fällen zu einem wichtigen Bindeglied werden, um im Falle einer Weiterverpflichtung nach der U19-Juniorenmannschaft die sportliche Ausbildung komplett und optimal abschließen zu können.
- Und sollte sich die Möglichkeit ergeben oder der Verein vielleicht sogar die Möglichkeiten anbieten, dann tauschen Sie sich einmal mit **erfahrenen Eltern des Clubs** aus, der Ihr Kind gerne aufnehmen möchte. Es geht tatsächlich um eine sehr wichtige Entscheidung.

Sollte Ihr Sohn oder Ihre Tochter einen Vertragsspieler- oder gar einen Lizenzspielervertrag erhalten, der wegen Minderjährigkeit von Ihnen mitunterzeichnet werden muss, gilt Folgendes zu beachten: **Mit dem Tag der Volljährigkeit verliert dieser Vertrag seine Gültigkeit,** wenn eine Vertragsklausel dies nicht ausschließt. Dann muss Ihr Kind als jetzt juristisch voll geschäftsfähige Person ein zweites Mal gegenzeichnen, um damit sein Einverständnis zur damaligen Entscheidung der Eltern zu geben.

Und kommt es für Vertrags- oder Lizenzspieler zu einer Langzeitverletzung, achten Sie auf die **Abwicklung der Krankschreibung** nach Ablauf der sechswöchigen Arbeitnehmerfrist. Danach gelten für Berufsfußballer in Deutschland die gleichen Gesetze und Fristen wie für jeden Arbeitnehmer. Ratsam ist für einen Profi zusätzlich der Abschluss einer Sportinvaliditätsversicherung.

15 Danksagung

Dieses Buch geisterte einige Jahre in meinem Kopf umher. Dass es geschrieben wurde, habe ich vielen Gesprächspartnern bei Vereinen, Verbänden, mit unzähligen Talente-Eltern und Freunden zu verdanken. Ohne deren Motivation, ihren Zuspruch oder auch langjährige Begleitung läge das Manuskript wohl noch immer in meiner Schreibtischschublade. Stellvertretend für alle sollen die letzten Zeilen dieses Buches Euch gehören. Dir, lieber Hansi, weil Du mich nach der WM in Chile bei unseren Treffen stets darin bestärkt hast, das Thema Elternarbeit anzupacken. Gleiches gilt Deinem Nachfolger beim DFB Meikel Schönweitz. Für die Ermutigung durch die eigenen Erfahrungen als junges Toptalent des Skisports und bei der Suche nach einem Herausgeber ein dickes Dankeschön auch für Dich, liebe Rose. An das wandelnde Lexikon Rolf und an Jörg für Euer intensives querlesen. Für Hanni, die beste Omi der Welt. Danke an Maximilian und Emma, zwei grandiose Geschwister und Kinder, ohne deren Rücksichtnahme und ständige Unterstützung das „Projekt Fußballprofi“ wohl niemals geglückt wäre. Meiner kongenialen Partnerin, Ehefrau, Familienmanagerin, Trösterin, Kinderversteherin, Taxifahrerin, Psychologin und allem voran einfühlsamen Mami Susanne. Nur mit Dir ist es möglich, unsere manchmal recht chaotische Familie seit nunmehr 25 Jahren erfolgreich zu schmeißen. Und letztendlich Dir, lieber Constantin, ein dickes Dankeschön von Mami, mir, Deiner Familie. Du hast diese lange Reise angetreten und auch durchgezogen. Aufgeben war niemals Teil Deines Plans, wenngleich genügend Gründe dafür eintraten. Aber darum geht es: Einmal mehr aufstehen als hinfallen. Denn

It’s supposed to be hard.
If it were easy,
everyone would do it.
(Tom Hanks in „A league of their own“)

16 Bildnachweise

Umschlag:	DFB, Privat
Seite 2:	Meinrad Schön
Seite 25:	Privat
Seite 34:	Privat
Seite 42:	Privat
Seite 67:	Privat
Seite 68:	DFB, Privat
Seite 82:	Privat
Seite 89:	Privat
Seite 96:	DFB, Privat
Seite 97:	DFB, Privat
Seite 102:	Privat
Seite 103:	Privat
Seite 106:	Getty Images, Privat
Seite 113:	DFB, Privat
Seite 117:	Khalil Abu Hanna, Privat
Seite 129:	Privat
Seite 131:	Privat
Seite 146:	Privat
Seite 153:	Privat
Seite 158:	Philipp Reinhard / DFB
Seite 162:	Jörg Neblung
Seite 165:	Privat
Seite 167:	SC Freiburg
Seite 169:	Imago Images
Seite 177:	Privat
Seite 181:	Imago Images
Seite 184:	Thomas Kemper
Seite 187:	Getty Images